중요한 주제, 진지한 목적, 생생한 문체. 오스 기니스는 분명한 식견을 갖고 역사, 문학, 성경, 경험, 전기 등을 넘나든다. 본서는 분명 수십 년에 걸친 묵상의 열매다.

—존 스토트·런던 올 소울즈 교회 명예목사

마침내 우리는 하나님의 행진 명령을 듣는다는 것이 무슨 의미인지 분명히 알게 되었다. 나는 지난 35년이 넘도록 이 하나님의 행진 명령에 기초해 살고자 애써 왔지만 「소명」을 읽고 나서야 그 의미에 대해 내가 얼마나 모르고 있었는지 비로소 깨닫게 되었다.

—고든 맥도날드·「내면 세계의 질서와 영적 성장」의 저자

오스 기니스는 하나님의 부르심을 받는다는 것이 무엇인지, 소명이 우리의 삶에서 어떻게 체화되어 나타나는지를 깊은 묵상과 통찰로 풀어가고 있다. 한 줄 한 줄이 마음을 울리는 이 책을, 부르심의 음성을 듣기 원하는 모든 이들과 꼭 나누고 싶다.

—옥한흠·사랑의교회 원로목사

흥분과 감격으로 이 책을 읽었다. 읽다가 멈추고, 읽다가 또 멈추며 나 자신을 돌아보았다. 소명을 자각해야 할 모든 젊은이들의 손에 이 책을 들려주고 싶다. 제자의 길을 걸어가는 모든 그리스도인들의 손에 이 책을 들려주고 싶다. 저자는 소명에 관한 주제를 말하면서 나를 부르신 하나님을 더욱 생각나게 만들었다. 그래서 이 책은 보배다.

—강준민·LA동양선교교회 목사

잠들어 있던 나를 깨워 준 소중한 책. 주님을 위해 '뭔가'를 해야겠는데 그것이 무엇인지 몰라 조급해하며 알려 달라고 기도하던 내게 하나님은 이 책을 선물하셨다. 밑줄 쳐 가며 읽고 또 읽었다. 보다 많은 분들이 나와 같은 경험을 하길 간절히 바란다.

—최윤영·MBC 아나운서

소명이
이끄는 삶

Copyright © 2003 by Os Guinness
Originally published in English under the title
Rising to the Call by Word Publishing,
a division of Thomas Nelson, Inc.
P. O. Box 141000, Nashville, Tennessee 37214, U. S. A.
All Rights reserved.

Translated and Used by the permission of Word Publishing
through the arrangement of rMaeng2, Seoul, Korea.

Korean Edition © 2003, 2009, 2016 by Korea InterVarsity Press
156-10 Donggyo-ro, Mapo-gu, Seoul 04031, Korea

소명이
이끄는 삶

오스 기니스 | 홍병룡 옮김

lvp

하나님의 부르심을

발견하기 원하는

_____

님께 드립니다.

본서는 『20대, 당신을 향한 소명』의 개정판으로, 『소명』의 내용을 발췌하여 선물하기 좋은 판형과 장정으로 꾸민 것입니다.

차례

서문 11

1. 소명: 궁극적인 존재 이유 15

2. 모든 사람, 모든 곳, 모든 것 37

3. 당신에게 걸맞은 일을 하라 71

4. 유일한 청중 101

5. 한낮에 꿈꾸는 사람 121

서문

우리는 어떻게 인생의 중심 목적을 발견하고 그것을 성취할 수 있을까요? 오늘날 인생의 목적을 발견하는 문제만큼 사람들의 가슴을 울리는 것은 없을 것입니다. 이것은 물론 하나의 질문입니다. 하지만 질문의 차원을 훨씬 더 넘어서는 것이지요. 이것은 열정과 갈망, 굶주림과 영혼의 쉽없는 동요, 우리 존재의 가장 깊은 곳을 건드려 가장 강력한 에너지를 끌어내는 근본적인 동인 등이 뒤섞인 질문입니다.

앞으로 살펴보겠지만, 이 질문은 인생의 다양한 시점에서 여러 번 떠오릅니다. 이 작은 책은 그 여러 경우를 염두에 두고 쓰였지만 특히 다음 두 시기를 맞이한 사람들을 유념했습니다.

먼저, 소위 인생의 황금기인 '7년', 즉 청소년의 티를 벗고 저 멀리 어렴풋한 미래를 내다볼 만큼 키가 자란 18세에서 25세 사이의 청년들입니다. 선택의 여지가 너무나 많을 때, 어떻게 선택하는 것이 좋을까요? 경험보다는 에너지가 더 넘치고 지혜보다는 들뜬 감정이 앞설 때 어떻게 선택해야 할까요? 소명이야말로 이 멋진 황금기에 받는 도전에 대처할 수 있는 가장 분명하고 가장 강력한 지침입니다. 당신의 소명을 발견하고 그것을 이루는 것보다 인생에 더 깊은 의미가 있는 일은 없습니다.

둘째로는 그보다 몇 년 지난 시기로, 소명의 개념을 모르고 처음에 잘못된 선택을 한 사람들을 대상으로 삼았습니다. 그런 이들은 자기에게 또 한 번의 기회가 있는지,

만일 있다면 이번에는 어떤 선택을 해야 할지 고민합니다. 소설가 조지 엘리어트George Eliot는 "당신이 있었어야 할 자리에 앉는 데 너무 늦었다는 법은 없다"라고 말했는데 이는 정말 옳은 말일까요? 소명은 그런 특별한 순간에 가장 확실하고 가장 심도 깊은 격려가 되어 줍니다. 당신의 소명은 당신의 직업, 당신의 경력, 그 어떤 성공의 기준보다 더 깊은 차원에 속하는 것입니다. 소명을 발견하는 데 나이는 아무 상관이 없습니다.

이제 이 책을 읽으면서 한번 깊이 생각해 보시기를 바랍니다. 당신의 삶, 당신의 가족, 당신의 재능, 당신의 희망, 당신의 꿈, 당신의 친구들, 당신의 세계, 당신의 목표를 두루 숙고해 보십시오. 인류 역사를 통틀어 이보다 더 많이 인생을 바꾸고 사회를 변화시킨 진리는 없었습니다. 이 진리는 당신도 변화시킬 수 있습니다. 또한 당신을 통하여 세상을 바꿀 수도 있습니다. 아니 오히려 하나님이 그렇게 하실 수 있다고 말하는 것이 정확할 것입니다. 왜냐하면 부르는 분이 없으면 소명도 없는 법이고, 오랜 세기에 걸쳐 하나님의 부르심이야말로 인생에서 가장 궁극적인 존재 이유임이 증명되었기 때문입니다. 다른 누구도, 다른 어떤 것도 그에 비견할 만한 것은 없습니다.

오스 기니스

1. 소명:
궁극적인 존재 이유

"**여**러분도 아시다시피 저는 하는 일마다 행운이 따라서 엄청난 돈을 벌었습니다. 제가 상상했던 것보다 훨씬 더 많이, 평생 다 못 쓸 만큼 말이지요. 저희 가족이 필요로 하는 것보다 훨씬 더 많은 돈을 벌었습니다." 옥스퍼드 대학교 근처에서 열린 한 집회에서 어떤 저명한 사업가가 강연을 하고 있었습니다. 그의 얼굴에는 확고한 의지와 강한 성품이 배어 있었으나, 일순간의 망설임은 강렬한 외모 뒤에 숨겨진 속 깊은 감정을 드러내고 말았습니다. 멋지게 그을린 그의 뺨 위로 눈물 한 줄기가 천천히 흘러내리고 있었습니다.

"솔직히 말씀드리자면, 제가 그처럼 돈을 벌려고 애쓴 동기는 단순합니다. 돈으로 사람을 사서 제가 하기 싫은 일을 맡기려고 했던 것이지요. 그런데 결코 다른 사람이 대신 해줄 수 없는 일이 한 가지 있습니다. 그것은 바로 제 인생의 목적을 발견해서 그것을 성취하는 일입니다. 그것을 발견할 수만 있다면 저는 어떤 대가든 지불할 준비가 되어 있습니다."

바로 이 목적과 성취의 문제야말로 현대 세계가 안고 있는 가장 깊은 문제 중 하나입니다. 우리는 인생의 어느 시점에서든 이 질문에 봉착하기 마련입니다. 즉 어떻게 내 인생의 중심 목적을 발견하고 그것을 성취할 것인가 하는 질문입니다. 물론 이 질문보다 논리적으로 선행하는, 어쩌면 더 깊은 질문들도 있을 것입니다. 예를 들면, 나는 누구인가, 삶의 의미는 도대체 무엇인가 등입니다.

하지만 오늘날 이 첫 번째 질문만큼 큰소리로 집요하게 제기되는 것은 거의 없습니다. 우리 현대인들은 한결같이 진정한 의미를 추구하고 있습니다. 우리는 무언가 변화를 도모하고 싶어합니다. 우리는 좋은 유산을 남기기 원합니다. 랄프 왈도 에머슨Ralph Waldo Emerson의 말처럼 우리는 "좀더 나은 세상을 만들어 놓고 떠나기를" 원합니다. 우리 가슴 속에는 우리가 이 땅에 존재하는 목적을 성취하고자 하는 열망이 있습니다.

이런 열정의 대상은 사람마다 천차만별입니다. 올림픽 금메달에서부터 할리우드의 오스카상, 노벨상, 백악관 보좌관직에 이르기까지 다양합니다. 예술가, 과학자, 건축가들은 자신의 이름이 영원히 남을 독특한 작품을 창조하기 위해 애씁니다. 정치가, 사업가, 행정가들은 자신이 시작해서 이끌어온 기관이나 사업체를 보며 자신의 업적을 되새기는 것이 보통입니다. 이들과는 다르게, 부모, 교사, 상담가는 자신의 영향을 받고 자란 사람들의 삶에 비추어 자신의 공헌을 가늠합니다. 이처럼 열정의 대상은 다양해도 목적을 지향하는 마음은 마찬가지입니다. 토마스 칼라일Thomas Carlyle은 다음과 같이 썼습니다. "목적이 없는 사람은 방향키가 없는 배와 같다. 방랑자, 무無와 같은 존재, 사람 같지 않은 사람이다."

우리 속에 있는 이 깊은 갈망이 충족되지 않는 한, 부, 권력, 지위, 지식, 친구 관계 등 다른 모든 성공의 척도는 하찮고도 허무한 것이 되고 맙니다. 어떤 사람들은 그 공허감 때문에 헨리 소로우Henry Thoreau가 묘사한 '조용한 자포자기의 인생'을 살게 되기도 합니다. 그리고 어떤 경우에는 공허감과 무목적성으로 인해 더 큰 절망의 심연으로 빠져들기도 합니다. 도스토예프스키가 쓴 「카라마조프가의 형제들」 초고에는, 인간이 그 목적에 대해 회의할 때 영혼에 어떤 무시무시한 일이 일어나는지를 묘사하는 대심문관의 말이 나옵니다. "왜냐하면 인간 존재의 비밀은 그저 생존하는 것뿐 아니라…무엇인가 확실한 것을 위해 사는 것이기 때문이다. 자신이 무엇을 위해 사는지 확고하게 이해하지 못한다면, 인간은 삶을 받아들일 수 없고 이 땅에 살아남기보다는 차라리 자신을 파괴하게 될 것이다…."

그것을 최고선 summum bonum, 궁극적인 목적, 인생의 의미 등 무엇이라 불러도 좋습니다. 하지만 인생의 목적을 발견하고 성취하는 문제는 우리 인생의 모든 단계에 걸쳐 무수한 방식으로 부각되기 마련입니다.

십대들은, 가정과 학교라는 울타리 너머 어지러울 정도로 선택의 폭이 넓은 자유의 세계가 손짓할 때 이것을 느낍니다.

대학생들은, 한때 "세계는 나의 밥이다"라고 느끼던 흥분이, 하나를 선택하면 다른 모든 것을 포기해야 하는 엄연한 현실 앞에서 식어 갈 때 이 문제에 직면하게 됩니다.

삼십대 초반이 되면, 한때 그들의 부모가 가졌던 기대와 동년배들의 삶의 방식 그리고 연봉과 경력의 유혹 너머에 있는 잔인한 현실을 일상적인 일터에서 직면할 때, 이 문제를 알게 됩니다.

중년에 접어든 사람들은 자신의 재능과 일이 맞지 않아 자신이 부적격자라는 생각을 날마다 하면서 이 문제와 맞닥뜨립니다. "과연 남은 생애 동안 이 일을 계속 할 수 있을까?"

어머니들은 자식을 다 키우고 나면, 남은 인생의 공백을 메워 줄 고상한 목적이 무엇일까 고민하면서 이것을 느끼게 됩니다.

굉장한 성공을 거둔 사십대와 오십대의 경우에는, 자신이 이룬 성공의 사회적 책임에 대해, 그리고 더 깊은 차원에서 인생의 목적에 대해 의문을 가지면서 갑자기 이 문제에 직면하게 됩니다.

사람들은 인생의 모든 다양한 전환기에 이 문제에 부딪힙니다. 이사를 할 때, 직업을 바꿀 때, 결혼 관계가 깨어질 때, 건강에 적신호가 켜질 때 등이 그러한 때입니다.

이러한 전환은 우리의 개인적인 존재 의미에 도전하는 것으로, 변화 자체보다도 그 변화를 분석하고 다루는 일이 더 길고도 어렵게 느껴집니다.

인생의 황혼기에 접어든 이들 역시 때로 이 문제에 다시 직면합니다. 인생은 결국 무엇인가? 지금까지 성취한 것들은 진정한 성공인가? 그 성공은 다른 것들을 희생하면서까지 이룰 만한 가치가 있는 것이었는가? 크든 작든 온 세상을 얻었지만 영혼을 싼 값에 팔아 넘긴 채 정말 중요한 것을 놓치지는 않았는가? 워커 펄시Walker Percy는 썼습니다. "당신은 만점을 얻고도 인생에서 낙제할 수 있다."

바로 이 문제, 곧 자신의 인생 목적에 관한 의문이 19세기 덴마크의 철학자 쇠렌 키에르케고르Sören Kierkegaard를 사로잡았습니다. 그가 깨달았듯이 개인적인 목적은 철학이나 이론의 문제가 아닙니다. 그것은 순전히 객관적인 문제도 아니고 유산처럼 상속되는 것도 아닙니다. 많은 과학자들은 이 세계에 대한 박식한 지식을 갖고 있고, 많은 철학자들은 거대한 사상 체계를 섭렵할 수 있고, 많은 신학자들은 종교의 심오한 경지를 파헤칠 수 있으며, 많은 저널리스트들은 어떤 주제든 그럴듯하게 말할 수 있습니다. 그러나 이 모든 것은 이론에 불과하며 개인적인 목적 의식이 없다면 그저 허망한 것일 뿐입니다.

가슴 깊숙한 곳에서 우리는 우리 자신보다 더 큰 목적을 발견하고 그것을 성취하기를 원하고 있습니다. 그처럼 좀더 큰 목적만이 우리로 하여금 스스로는 결코 도달할 수 없는 높은 곳까지 이르도록 이끌 수 있습니다. 우리 각자에게 진정한 존재 목적은 참으로 개인적인 것이요 열정을 쏟을 만한 대상입니다. 그것은 우리가 무엇을 하기 위해 여기에 있는지, 그리고 왜 여기에 있는지를 아는 것입니다. 키에르케고르는 그의 「일기」에 이렇게 썼습니다. "그것은 나 자신을 이해하는 것이요, 하나님이 진정 내가 무엇을 하기 원하시는지를 아는 것이다. 그것은 참된 진리를 발견하는 것이며, 내가 그것을 위하여 살기도 하고 죽을 수도 있는 이념을 찾는 것이다."

가진 것은 많으나 목적 의식은 희미한

오늘날 고도로 현대화된 세상에서 이 질문은 더욱 절박한 것인데 이유는 간단합니다. 오늘날 인생의 의미를 찾고자 하는 열망이 인류 역사상 전례가 없을 정도로 높은 데는 세 가지 요인이 있습니다. 첫째, 인생의 목적을 추구하는 것은 인간의 경험 가운데 가장 깊은 차원의 문제입니다. 둘째, 현대 사회가 모든 영역에 걸쳐 선택과 변화의 기회를 최대로 제공하게 되면서, 우리 모두가 목적 지향적인 인생을 살 수 있다는 기대감이 한층 높아졌습니다. 셋째, 그러나 현대 사회가 지닌 특징은 우리가 목적을 찾는 데 크게 방해가 되고 있습니다. 인류 역사상 있었던 수많은 문명 중 현대 서구 문명은 인생의 목적에 관해 합의된 대답이 없는 최초의 문명이기 때문입니다. 지금은 역사상 그 어떤 시기보다도 이 문제를 둘러싼 무지와 혼돈과 갈망이 큰 때입니다. 현대인의 고민은 우리가 너무나 많은 것을 소유하고 있지만 삶의 목적은 너무나 빈약하다는 것입니다. 어떤 이들은 시간은 있지만 돈이 별로 없다고 느끼고, 또 어떤 이들은 돈은 있지만 시간이 별로 없다고 생각합니다. 그런데 우리 대부분이 공통적으로 처한 상황은, 물질과 철학은 넘쳐나지만 영혼은 빈곤하다는 것입니다. 그 결과 많은 사람이 나름대로 목적 의식을 세워나가고자 안간힘을 쓰고 있습니다.

비전을 품은 이들

이 책은 인생의 목적을 발견하고 그것을 성취하려는 사람들을 위한 책입니다. 우리가 창조된 구체적인 목적, 곧 우리가 부름받은 목적을 발견할 때에만 비로소 이 목적을 찾을 수 있습니다. 우리 창조주의 부르심에 응답하는 것이 삶의 '궁극적인 존재 이유'이며 인간 존재 목적의 가장 고상한 근원입니다. 그러한 소명을 떠나서는, 목적을 발견하고자 하는 모든 희망(요즈음 '성공에서 의미로' 논의가 전이되는 현상처럼)은 결국 절망으로 끝날 것입니다. 분명 소명은 머리 속에 흔히 떠오르는 주제는 아닙니다. 우리는 무지와 혼돈으로 뒤섞인 광산에서 그것을 캐내야 합니다. 그리고 애석하게도 그것은 종종 우리의 인간적인 본성을 정면으로 거스릅니다. 그러나 하나님의 부르심에 못 미치는 것은 그 어떤 것도 목적을 찾고자 하는 인간의 열망을 충족시킬 수 없습니다.

그나마 혼돈의 구름이 걷히고 있는 곳이 하나 있는데, 목적은 결코 수단에서 발견될 수 없고 오직 최종 목표에서만 찾을 수 있다는 깨달음이 점차 보편화되고 있다는 것입니다. 자본주의는 그 모든 창의성과 풍부한 수확에도 불구하고 '왜'라는 질문에 대해서는 만족스러운 답을 줄 수 없습니다. 자본주의는 그 자체만으로는 문자 그대로 의미 없는 것으로서, 하나의 메커니즘에 불과할 뿐 의미의 근원이 아니기 때문입니다. 그 밖에 정치, 과학, 심리학, 경영, 기술, 수많은 현대 이론도 마찬가지입니다. 톨스토이가 과학에 관해 말한 바는 다른 모든 것에도 적용됩니다. "과학이 무의미한 이유는 우리에게 가장 중요하고 유일한 질문, 즉 우리가 무엇을 할 것이며 어떻게 살 것인지에 대해 아무런 대답을 주지 못하기 때문이다." 목적을 찾는 노력을 벗어나서는 어떤 대답도 있을 수 없으며, 그 노력에 대한 대답 가운데 소명에 응답하는 것보다 더 깊고 충분한 대답은 없습니다.

그러면 '소명'calling이란 무엇입니까? 저는 다음과 같이 말해 보겠습니다. **소명이란, 하나님이 우리를 너무나 결정적으로 부르셨기에, 그분의 소환과 은혜에 응답하여 우리의 모든 존재, 우리의 모든 행위, 우리의 모든 소유가 헌신적이고 역동적으로 그분을 섬기는 데 투자된다는 진리입니다.**

그리고 '인생의 기업가'entrepreneur of life란 누구를 일컫는 말입니까? 기업가란 수동적으로 주어진 일, 틀에 박힌 기능, 물려받은 의무를 수행하는 것이 아니라 책임감을 가지고 어떤 창조적인 과업을 맡는 사람을 지칭하는 말로서, 인류에게 새롭고 유익한 기여를 하기 위해 위험 부담을 안고서라도 믿음의 길로 과감히 들어서는 사람입니다. 인생의 기업가는 이런 일에 부름을 받아 그 소명에 믿음으로 응답함으로써, 자신의 재능과 자원을 사용하여 풍성한 열매를 맺고 이 세상에 가치를 더해 줍니다. 즉 문자 그대로 비가시적인 것을 가시적으로, 미래를 현재로, 이상을 현실로, 불가능한 것을 성취된 현실로, 바라던 것을 실제 경험으로, 현상 유지를 역동적인 상태로, 꿈을 성취된 사실로 만드는 사람입니다.

물론 인생을 들여다보면 우리가 선택하지도 않았고 우리가 바꿀 수도 없는 것이 많습니다. 처음 이 세상에 나면서 자신의 생일, 눈동자 빛깔, 족보를 스스로 정한 사람은 아무도 없습니다. 마찬가지로 생의 말기에 이르러 죽는

날이나 유산의 무게도 우리가 정하는 것이 아닙니다. 이 두 시점 사이를 살아가는 동안에도 우리가 통제할 수 없는 것이 백만 가지는 될 것입니다. 그럼에도 우리는 여전히, 언제나, 본질상 중요한 의미를 지닌 존재입니다. 우리는 땅을 다스리고, 영향력을 발휘하며, 풍성한 열매를 맺을 수 있는 기업가적 능력을 가졌기 때문입니다. 이것이 우리가 지닌 인간다움의 핵심입니다.

인간의 기업가적 측면을 강조한다고 해서 가치 있는 존재가 되려면 반드시 유익한 인간이어야 한다는 냉혹한 이설과 혼동해서는 안 됩니다. 하지만 철학자 달라스 윌라드Dallas Willard가 말한 대로 우리 모두는 "하나님의 위대한 우주에서 선한 가치를 창출하도록 특유하고도 영원한 소명"을 받은 자들임을 기억해야 합니다.

화가 빈센트 반 고흐는 예술가 혹은 기업가 정신에 대한 이 폭넓은 관점을 제대로 포착했는데, 그가 죽기 2년 전 가장 친한 친구 에밀 베르하드에게 보낸 편지에 그것이 잘 드러나 있습니다. "나사렛 예수야말로 다른 어떤 예술가보다 더 위대한 예술가라네. 그는 색채뿐 아니라 대리석과 진흙을 경멸하고, 살아 있는 육체에다 작업을 한 인물이지. 이 독보적인 예술가는…동상, 그림, 책 그 어떤 것도 만들지 않았어. 다만 자신이 살아있는 인간, 곧 불멸의 존재들을 만들었다고 큰 소리로 선포했다네."

소명이라는 이 진리는 세계 역사에서 위대한 '도약들'의 원동력이었습니다. 몇 가지만 들자면, 시내산에서의 유대 민족 형성, 갈릴리에서의 기독교 운동 탄생, 16세기의 종교개혁과 그로 인한 근대 세계의 발흥 등입니다. 따라서 오늘날 소명을 재발견하는 것은 지극히 중요하며, 그것이 인생의 목적을 추구하는 수많은 현대인의 열망을 충족시키는 데 결정적인 중요성을 지닌다는 점은 전혀 이상할 것이 없습니다.

■ ■ ■

  이 책은 누구를 위해 쓰여진 것일까요? 바로 그와 같은 목적을 추구하는 모든 이들을 위해서입니다. 역사상 가장 영향력이 컸던 인물인 나사렛 예수의 부르심에 마음이 열려 있는 신자와 구도자 모두를 위한 책입니다. 특히 이 책은 인생의 목적이 자율적인 인본주의자들의 희망을 넘어서는 것이어야 한다고 생각하는 사람들, 현대 세계의 모든 도전에 직면하여 살아 있는 온전한 신앙을 지키려고 애쓰는 사람들을 위한 것입니다.

  제 신앙 여정에서 소명의 진리는 예수님이 주신 어떤 복음의 진리 못지않게 중요한 진리였습니다. 신앙 생활 초기에 저는 다른 이들의 말을 듣고 지금과는 다른 진로를 선택할 뻔했습니다. 그들은 그 일이 저에게 적합하고 만인을 위해 가치 있는 일이라 생각했습니다. 그들은 내가 정말 헌신했다면 목사나 선교사의 길로 들어서야 한다고 말했습니다.

당시에는 몰랐지만, 저의 탐색(그리고 이 책의 탄생)은 1960년대에 어떤 주유소에서 있었던 우연한 대화에서 시작되었습니다. 저는 자동차에 기름을 가득 채우고는 주유소 직원과 굉장히 풍성한 대화를 나누게 되었습니다. 그러고 나서 시동을 걸어 40년 된 제 차의 엔진을 돌리는 순간 어떤 생각이 번쩍 들었습니다. 그것은 이 남자가 지난 한 주 동안 제가 대화를 나눈 상대 중 유일한 비그리스도인이라는 사실이었습니다. 저는 종교적인 게토ghetto 속에서 익사할 위험에 처해 있었던 것입니다.

저는 신앙을 가진 이상 기독교 전임 사역에 몸담아야 한다는 통념에 갇혀 한 유명한 교회에서 9개월 간 일하기로 자원했습니다. 하지만 결과는 비참했습니다. 솔직히 말해서 저는 목사님과 성도들을 존경했고 상당 부분 즐겁게 일했습니다. 그러나 그 일은 저에게 맞지 않았습니다. 저는 1960년대 초 유럽에 확산되고 있던 세속 세계와 제 신앙을 연계시키고 싶은 마음이 간절했습니다. 하지만 목회 사역에는 그럴 수 있는 여지가 거의 없었습니다. 그 아름다운 봄날 저녁, 저는 영국 사우샘프턴에서 한 친절한 주유소 직원과 10분 간 대화를 나누다가 제가 사역자가 되어서는 안 된다는 것을 분명히 알게 되었습니다.

두말할 필요도 없이, 우리가 무엇이 되어서는 안 된다는 것을 아는 것은 우리가 누구인지를 아는 첫걸음에 불과합니다. 인생의 목적에 대한 잘못된 지식에서 벗어나는 것은 그것이 참된 목적으로 이어질 때 의미가 있는 법입니다. 저널리스트 암브로스 비어스Ambrose Bierce는 절반까지만 갔던 사람입니다. "20대의 어느 날 나는 내가 시인이 아니라는 결론에 도달했다. 내 생애에서 가장 쓰라린 순간이었다."

주유소에서 그 대화를 나눈 이후 수십 년을 돌이켜볼 때, 소명이란 긍정적인 것이지 부정적인 것이 아니라는 것을 깨닫게 됩니다. 저는 '내 길이 아닌 것'에서 해방되어 제 소명을 발견하면서 비로소 제가 누구인지를 알게 되었습니다. 저는 역사상 소명과 관련된 찬란한 모험담과 씨름하면서 그리고 저 개인을 향한 하나님의 부르심이라는 도전을 붙드는 가운데 이 진리에 압도되고 말았습니다. 하나님의 부르심은 제 앞을 비추는 밝은 빛이 되었고, 제가 갈 길을 애써 찾으면서 이 시대의 도전에 직면할 때 제 속에서 타오르는 불길이 되었습니다. 앞으로 전개될 내용은 학문적이거나 이론적인 것이 아닙니다. 그 내용은 제 체험을 거쳐 정련되어 나온 것입니다.

당신의 목적을 발견하고 성취하기를 원하십니까? 분명히 말하건대 이 책에서 당신의 남은 생애를 위한 '한 장짜리 실행 요약본'이나 '방법론', 혹은 '12단계 프로그램'이나 '작전 계획' 따위를 발견할 수는 없을 것입니다. 그 대신 당신은 지금까지 인간의 마음을 사로잡은 가장 강력하고 진정 놀라운 진리를 발견하는 길로 나아가게 될 것입니다.

알렉시스 드 토크빌Alexis de Tocqueville은 "신앙의 시대에 인생의 최종 목표는 인생 저 너머에 있다"라고 썼습니다. 그것이 바로 소명의 역할입니다. 예수님은 2,000년 전에 "나를 따르라"라고 말씀하셨습니다. 그리고 그분은 역사의 방향을 바꾸셨습니다. 이 때문에 소명은 신앙이 세계를 움직이는 데 필요한 아르키메데스의 지점(아르키메데스는 "나에게 서 있을 자리를 달라. 그러면 나는 지레를 이용해 지구를 움직일 것이다"라고 말했다—역주)을 제공하는 것입니다. 이 때문에 소명이야말로 인간 경험 중 가장 포괄적인 방향 전환이요 가장 심오한 동기 부여, 곧 모든 역사에서 삶의 궁극적인 이유가 됩니다. 소명은 삶의 궁극적인 목표를 이 세상 너머에 설정함으로써 믿음의 시대들과 믿음의 인생들을 시작하고 끝맺습니다. 소명에 응답하는 것이 인생의 중심 목적을 발견하고 그것을 성취하는 길입니다.

 묵상 질문

당신은 존재 이유, 곧 인생의 뚜렷한 목적 의식을 가지고 있습니까? 혹은 당신의 인생은 변화무쌍한 결심들의 산물이거나 당신 외부의 무수한 힘들이 작용한 결과입니까? 당신은 성공 지향적인 삶을 넘어 진정 의미 있는 인생을 살기 원하십니까? 자기를 의지하는 인생은 항상 기대에 못 미치며, 세상을 부정하는 해결책은 결국 진정한 해답이 될 수 없다는 점을 인식하고 있습니까? 나사렛 예수의 음성에 귀기울이고 그분의 부르심에 응답하십시오.

나사렛 예수의 음성에 귀기울이고
그분의 부르심에 응답하십시오.

2. 모든 사람, 모든 곳, 모든 것

"1787년 어느 날 저녁, 영국의 한 젊은 하원의원이 국회 옆에 자리잡은 자신의 집에서 한 문서를 촛불에 비추어 열심히 읽고 있었습니다. 윌버포스는 노예 매매 폐지안을 제출하도록 요청받은 터였습니다. 당시 영국인들은 대부분 노예 매매가 골치 아픈 문제이긴 하지만 여전히 필요한 것이고, 그것이 폐지되면 경제적인 파산이 뒤따를 것이라고 생각하고 있었습니다. 노예 매매는 잘못된 악습이라고 생각하는 사람은 극소수에 불과했습니다."

1996년 런던의 국립 미술관에서 윌리엄 윌버포스William Wilberforce의 전기 작가인 존 폴록John Pollock은 윌버포스에 관한 탁월한 강연을 이렇게 시작하고 있었습니다.

윌버포스는 연구를 거듭할수록 너무나 분명한 결론에 도달하지 않을 수 없었습니다. 후에 그는 하원에서 이렇게 말했습니다. "노예 매매는 너무나 부당하고 무시무시하며 치유할 수 없는 악습이기에, 저는 그것을 폐지하기 위해 싸우기로 굳게 결심했습니다. 결과가 어떠하든 간에 저는 이 시간부터 노예 매매가 폐지될 때까지 결코 쉬지 않을 것입니다."

그런데 서구 역사의 위대한 개혁자 중에서 윌리엄 윌버포스가 그 누구보다 덜 알려졌다는 것은 참으로 의아한 점입니다. 그의 성공을 두고 존 폴록은 "영국 국민이 이룩한 가장 위대한 도덕적 업적"이라고 설명했고, 역사가 트레벨리안G. M. Trevelyan은 "세계 역사상 가장 획기적인 사건 중 하나"라고 평가했습니다. 또 다른 역사가는 그가 영국을 프랑스 혁명에서 구했고 장차 빅토리아 시대의 기초가 될 특징을 실현했다고 평가했습니다. 국회에서 만년의 윌버포스를 본 한 이탈리아 외교관은 "모두가 이 작은 노인을 인류의 워싱턴으로 생각한다"라고 기록했습니다.

이에 못지않게 놀라운 사실은, 윌버포스가 엄청난 반대를 극복하고 이 같은 기념비적인 업적을 이루었다는 점입니다. 인물로 보자면, 그는 코가 지나치게 길고 몸이 약한 편이어서 어느 모로 보나 못생기고 작은 사람이었으며 당시에 경멸받던 '복음주의자' 혹은 '열렬 신자'였습니다. 그가 이루고자 했던 과업을 보자면, 당시에 노예제는 거의 전 세계적으로 용인되고 있었으며, 노예 매매는 대영 제국의 경제에 오늘날 미국의 방위 산업만큼이나 중요한 비중을 차지했습니다. 그의 반대 세력을 보자면, 막강한 상인들, 해군 제독 넬슨 경 같은 식민지 기득권 세력, 대부분의 왕족을 망라하고 있었습니다. 그리고 윌버포스의 끈기로 말하자면, 그 목표를 달성하기까지 50여 년을 지칠 줄 모르고 달려갔을 정도였습니다.

이 모든 것 가운데 가장 놀랄 만한 사실은, 윌버포스가 하마터면 간발의 차로 자신의 원대한 소명을 모두 잃을 뻔했다는 것입니다. 예수 그리스도를 믿는 믿음은 평생에 걸친 그의 개혁 열정에 불을 지펴 주었습니다. 한때 그는 69개나 되는 의안을 주도하며 적극적으로 참여했는데, 그 중 여러 개는 세계적으로 중요한 사안들이었습니다. 그런데 1785년 25세 때 회심하고 나서 그는 정치를 집어치우고 기독교 사역의 길로 접어들 뻔했습니다. 당시나 지금이나 수많은 사람들이 생각하는 것처럼 윌버포스 역시 '영적인' 일이 '세속적인' 일보다 훨씬 더 중요하다고 생각했던 것입니다.

다행히도, 하나님은 그가 기독교 사역보다는 정치 영역에 남기를 원하신다고 윌버포스를 설득한 한 목사가 있었습니다. 그는 노예 상인으로 일하다가 회심하여 찬송

"나 같은 죄인 살리신"Amazing Grace을 작사한 존 뉴턴John Newton이었습니다. 뉴턴은 "나는 주님이 국가를 위해 일하도록 당신을 세우셨다고 믿고 있으며 또 그렇게 되길 기대합니다"라고 편지를 썼습니다. 윌버포스는 많이 기도하고 숙고한 끝에 뉴턴의 조언이 옳다는 결론을 내렸습니다. 하나님은 그를 정치가로서 억압받는 자들의 자유를 옹호하라고 부르고 계셨습니다. 1788년 그는 일기에 이렇게 썼습니다. "내 길은 공적인 길이며, 내가 일할 곳은 이 세상이다. 그러므로 나는 사람들이 모인 곳에서 함께 어울려야 하며, 그렇지 않다면 섭리에 따라 맡겨졌다고 생각한 이 직책을 그만두어야 할 것이다."

소명이 핵심이다

한 가지 유감스러운 사실은, 윌버포스처럼 세속적인 것을 희생시키고 영적인 것을 격상시키지 않기로 선택한 그리스도인에 비해 그러한 유혹에 넘어가는 사람들이 무수히 많다는 점입니다. '가까스로' 그 유혹에서 벗어난 윌버포스의 경우는 소명의 특징을 잘 이해하게 해주는 실례이며, 두 가지 중대한 오류 중 하나를 지적해 줍니다. 앞에서 나는 소명을 다음과 같이 정의했습니다. **소명이란, 하나님이 우리를 너무나 결정적으로 부르셨기에, 그분의 소환과 은혜에 응답하여 우리의 모든 존재, 우리의 모든 행위, 우리의 모든 소유가 헌신적이고 역동적으로 그분을 섬기는 데 투자된다는 진리입니다.**

이제 이 진리의 내용을 한 단계 더 깊이 살펴볼 때가 되었습니다. 우선 소명에 관한 성경적 개념의 네 요소를 살펴 보겠는데, 이는 우리가 항상 견지해야 할 필수적인 원리입니다.

첫째, 소명은 단순하고 분명한 의미를 갖고 있습니다. 구약 성경에서 '소명'(부르심)으로 번역된 히브리어 단어는 우리가 일상적으로 사용하는 의미를 지니고 있습니다. 인간은 서로 부르고, 하나님을 부르고, 동물을 부르기도

합니다. 동물들도 부를 수 있습니다(예를 들면, 시편 기자는 하나님이 "들짐승과 우는call 까마귀 새끼에게 먹을 것을 주시는도다"라고 썼습니다). 이 소명이란 단어는 장구한 신학과 역사를 거치면서 이 단순한 의미에서 많이 변모하였습니다. 그러나 이 단순한 의미와 관계 중심적인 배경이 결코 상실되어서는 안 됩니다. 예를 들어, 당신이 전화로 누군가를 '부를' 때에는 그 사람의 귀를 잠시 동안 붙드는 셈인 것입니다.

둘째, 구약 성경에서 소명은 또 다른 중요한 의미를 갖고 있습니다. 부른다는 것은 이름을 붙인다는 것이고, 이름을 붙인다는 것은 어떤 것을 만들거나 존재하게 한다는 뜻입니다. 그래서 창세기 1장에는 "하나님이 빛을 '낮'이라 칭하시고 어두움을 '밤'이라 칭하셨다called"라고 나옵니다. 이렇게 칭하는 것은 어떤 것을 확인하기 위해 그저 이름표를 붙이는 것과는 거리가 멉니다. 그처럼 결정적이고 창조적으로 이름을 붙이는 행위는 그것을 만들어 내는 것과 같습니다. 그러므로 하나님은 이스라엘을 부르셨을 때 이스라엘이라는 이름을 붙이셨고, 그를 통해 이스라엘을 자기 백성으로 제정하시고 창조하셨던 것입니다. 소명이란 현재 우리의 모습 및 행위와 관련될 뿐 아니라, 하나님의 부르심으로 장차 우리가 될 모습과도 관련됩니다. 따라서 '이름 붙이기-부르기'는 현재의 모습과 장래의 모습을 융합시킨 것입니다.

셋째, 소명은 신약 성경에서 더욱 특징적인 의미를 갖게 됩니다. 그것은 구원과 거의 동의어입니다. 이런 맥락에서, 하나님이 사람들을 그리스도를 따르는 자가 되도록 그분께로 부르신다는 의미로 소명(부르심)이 사용된 예가 압도적으로 많습니다. 하나님이 이스라엘을 불러 그분의 백성이 되게 하신 것같이, 예수님은 자기 제자들을 부르셨습니다. 그리스도를 따르는 자들 전체는 '부름받은 자들'(교회를 뜻하는 헬라어 '에클레시아'*ecclesia*의 어원)의 공동체입니다. 이 같은 하나님의 결정적인 부르심이 구원입니다. 하나님이 부르신 자들은 우선 선택받은 자들이요, 그 후에는 의롭게 되고 영화롭게 될 자들입니다. 그러나 부르심이야말로 하나님이 주도하신 이 네 가지 행위 가운데 가장 두드러지는 것입니다. 따라서 소명이 종종 구원 자체를 상징한다는 사실은 놀라운 것이 아니며, 예수님을 따르는 자들은 보통 '그리스도인'이 아니라 '도道를 따르는 자들'이라고 묘사됩니다.

넷째, 소명은 신약 성경에서 또 다른 중요하고도 확장된 의미를 가지는데, 이는 후대의 교회 역사에서 더욱 꽃을 피우게 됩니다. 하나님이 사람들을 부르실 때의 부르심은 그저 가벼운 제안이 아닙니다. 그분은 경외심을 불러일으키는 분이요, 그분의 소환은 너무나 강력한 명령이기 때문에 오직 한 가지 반응만이 합당합니다. 그것은 우리를 부르시는 분의 권위만큼이나 총체적이고 보편적인 반응이어야 합니다. 그러므로 신약 성경에서 예수님이 자신의 제자들을 부르실 때는 동시에 다른 일로도 부르시는 것입니다. 즉, 평화로, 교제로, 영원한 생명으로, 고난으로, 섬김으로 부르시는 것입니다. 그러나 이런 것들보다 더 깊은 차원에는 제자도가 있습니다. 이는 '모든 사람이, 모든 곳에서, 모든 것에서'를 내포하며, 그리스도의 주되심에 대한 자연스럽고도 합당한 반응입니다. 바울이 골로새에 있는 그리스도의 제자들에게 썼듯이 "무슨 일을 하든지 마음을 다하여 주께 하듯 하고 사람에게 하듯 하지 말아야"(골 3:23) 할 것입니다.

요컨대, 성경에서의 소명은 중심적이고 역동적인 주제로서 믿음의 삶 자체를 상징하는 은유입니다. 어떤 이들의 주장처럼 이 단어를 몇 개의 본문이나 구원의 특정 단계에만 국한시킨다면 이는 나무만 보고 숲을 보지 못하는 우를 범하는 것입니다. 예수님의 제자가 된다는 것은 '부름받은 자'가 되는 것이며, 따라서 '그 도를 따르는 자'가 되는 것입니다.

소명의 세 번째 및 네 번째 의미는 역사적으로 후대에

더욱 정교하게 정립된 중요한 구별, 곧 일차적인 소명과 이차적인 소명의 기초가 됩니다. **그리스도를 따르는 자로서의 일차적인 소명은 그분에 의한, 그분을 향한, 그분을 위한 것입니다.** 무엇보다 일차적으로 우리는 누군가(하나님)에게 부름받은 것이지, 무엇(어머니 역할이나 정치나 교직)이나 어디(도시 빈민가나 몽골)로 부름받은 것이 아닙니다.

우리의 이차적인 소명은, 모든 것을 다스리시는 주권적인 하나님을 기억하고 모든 사람이, 모든 곳에서, 모든 것에서 전적으로 그분을 위하여 생각하고, 말하고, 살고 행해야 한다는 것입니다. 따라서 우리가 가정주부나 법조인으로 혹은 교직으로 부름받았다고 말하는 것은 이 이차적인 소명으로서 적절한 표현입니다. 하지만 이와 같은 것들은 어디까지나 이차적일 뿐 일차적인 소명은 아닙니다. 그것들은 여러 '소명들'callings이지 절대적인 '소명'the calling은 아닙니다. 그것들은 하나님의 인도에 대한 개인적인 응답이자 하나님의 소환에 대한 우리의 반응입니다. 이차적인 소명도 중요하지만 그것은 일차적인 소명이 가장 중요하기 때문에 그렇습니다.

일차적 소명과 이차적 소명 사이의 중요한 구별은 두 가지 도전을 던집니다. 하나는 두 소명을 함께 붙드는 것이고, 또 하나는 그 둘이 올바른 순서에 놓이도록 하는 것입니다. 환언하면, 우리가 소명을 제대로 이해한다면 첫째 것이 첫째 자리를 지키도록, 즉 일차적인 소명이 항상 이차적인 소명 앞에 오도록 해야 합니다. 그러나 동시에 일차적인 소명이 이차적인 소명으로 이어지도록 해야만 합니다. 교회는 이러한 도전들에 잘못 대처하여 두 가지 커다란 오류를 초래했고 그 결과 소명의 진리를 왜곡시켰습니다. 그것을 '가톨릭적 왜곡'과 '개신교적 왜곡'이라 부를 수 있습니다.

'가톨릭적 왜곡'

그리스도를 따르는 자들에게 소명의 진리는, '모든 사람이, 모든 곳에서, 모든 것에서' 삶 전체를 하나님의 부르심에 대한 응답으로 사는 것을 의미합니다. 그런데 종종 이 같은 소명의 총체적인 성격이 왜곡되어 세속적인 것을 희생시킨 채 영적인 것을 격상시키는 일종의 이원론이 되었습니다. 이를 '가톨릭적 왜곡'이라 부를 수 있는데, 이러한 왜곡이 가톨릭 시대에 발생했고 지금도 가톨릭 전통의 주류 입장이기 때문입니다.

초창기 가톨릭적 왜곡의 실례는 가이사랴 주교였던 유세비우스Eusebius가 쓴 「복음의 증거」에 나와 있습니다. 유세비우스는 문체가 다소 거칠긴 하지만 다작의 필자로서 사도 시대로부터 당대에 이르는 초대교회의 대표적인 역사가였습니다. 그는 주후 312년에 있었던 콘스탄티누스의 회심 직전 교회의 영적 상황과 로마 제국에 대한 귀중한 증거를 제공합니다.

유세비우스는 그리스도께서 교회에 '두 가지 생활 방식'을 주셨다고 주장합니다. 하나는 '완전한 삶'이고 다른 하나는 '허용된 삶'입니다. 완전한 삶은 관조contemplation를 중심으로 한 영적인 삶으로서 사제와 수도사와 수녀를 위한 것입니다. 반면 허용된 삶은 활동 중심의 세속적인 삶으로서 병역, 정치, 농업, 상업, 가족 부양 등이 이에 해당됩니다. 완전한 삶을 따르는 자들은 '죽을 운명의 삶에 대해서는 죽고, 자기 몸 외에는 이 땅의 것을 아무것도 지니지 않은 채 마음과 영으로는 하늘까지 도달한' 사람들입니다. 반면 '더 비천하고, 더 인간적인' 허용된 삶을 사는 자들은 '경건의 수준에서 일종의 이류'에 속하는 사람들입니다.

고차원 대 저차원, 거룩성 대 세속성, 완전함 대 허용됨, 관조 대 활동…. 이 견해에서는 이원론과 엘리트주의를 굳이 강조할 필요가 없습니다. 유감스럽게도 소명에 관한 이 같은 '이층 구조' 혹은 '이중 생활'적 견해는 소명의 영역을 좁히고 대부분의 그리스도인들을 소명의 테두리 밖으로 밀어냄으로써 성경의 가르침을 심하게 왜곡했습니다. 또한 후대의 기독교 사상에 지배적인 영향을 미치기도 했습니다. 예를 들면, 아우구스티누스와 토마스 아퀴나스는 모두 농부와 기술자와 상인의 일을 칭송했지만 항상 관조적인 삶 *vita contemplativa*을 활동적인 삶 *vita activa*보다 상위에 놓았습니다. 활동적인 삶은 필요에 의해 하는 이등급으로 묘사되었으며, 관조적인 삶은 자유로 특징지어지는 일등급으로 그려졌습니다. 아퀴나스는 관조의 삶이 "한마디로 활동의 삶보다 더 낫다"라고 썼습니다. 오늘날도 소명에 대한 좀더 총체적인 견해를 회복하려는 가톨릭 교회에서도 '소명에 응답하는 것'을 사제나 수녀가 되는 것으로 여기는 경우를 흔하게 볼 수 있습니다.

1520년에 나온 마르틴 루터의 글「교회의 바벨론 감금」은 오랜 세월 동안 경직된 계층주의와 영적 귀족주의로 점철된 그 세계에 청천벽력과도 같았습니다. 아우구스티누스 파 수도사였던 루터는 모든 성직을 철폐하고 모든 서원을 삼가라고 요구했습니다. 그 이유는 무엇이었을까요? 관조적인 삶은 성경적인 근거가 없기 때문이었습니다. 그런 삶은 위선과 교만을 더할 뿐입니다. 그것은 "독단을 낳고 평범한 그리스도인의 삶을 경멸하게 만든다"라고, 그는 썼습니다.

그러나 이처럼 과격한 제안도 루터가 그 다음에 쓴 단락에 비하면 아무것도 아닙니다. "수도사와 사제의 일이 아무리 거룩하고 힘들다 하더라도 하나님이 보시기에는 시골 사람들이 들에서 하는 노동이나 여성이 하는 집안일과 조금도 다르지 않다. 모든 일은 하나님 앞에서 믿음으로만 측량될 뿐이다.…사실 종이 집에서 하는 육체 노동이 때로는 수도사나 사제가 하는 금식이나 다른 모든 일보다 하나님이 받으시기에 더 합당한데, 그것은 수도사나 사제에게 믿음이 없기 때문이다."

만약 신자가 하는 모든 일이 믿음에서 나오고 하나님

의 영광을 위해 행해진다면 모든 이원론적인 구별은 무너집니다. 고차원/저차원, 성스러운/세속적인, 완전한/허용된, 관조적인/활동적인, 일등급/이등급의 구별이란 더 이상 없습니다. 소명이란 모든 사람이, 모든 곳에서, 모든 것에서 하나님의 (일차적인) 부르심에 반응함으로써 자신의 (이차적인) 부르심을 성취하는 것입니다. 루터가 보기에는, 농부와 상인—우리의 경우에는 사업가, 교사, 공장 노동자, 아나운서 등—이 목사나 선교사와 마찬가지로 하나님의 일을 할 수(혹은 하지 못할 수) 있었습니다.

진정한 소명을 회복한 것이 문화적으로 엄청난 영향을 미쳤다는 것은 전혀 놀랄 일이 아닙니다. 소명은 일상적인 일에 존엄성과 영적 의미를 부여했으며, 한가로움과 관조를 왕좌에서 끌어내렸습니다. 소명은 일의 계층 구조를 깨뜨림으로써 평범한 사람의 일상적인 일에 동등함을 부여하고 민주주의로 향하는 중요한 자극제 역할을 했습니다. 소명은 일, 검약, 장기 계획 등과 같은 실제적인 일들을 강조함으로써 근대 자본주의의 발흥에 강력한 영향을 미쳤습니다. 소명은 삶의 모든 영역에서 그리스도를 주님으로 모시려는 노력에 박차를 가함으로써 교회뿐 아니라 종교개혁이 일어난 국가들의 세계관과 문화를 변혁시켰습니다. 소명은 '재능'(달란트)의 개념에 새로운 의미를 부여함으로써 더 이상 그것을 영적 은사로만 보지 않고 현대적인 의미의 천부적인 재능으로 보게 만들었습니다.

부르는 자 없는 소명은 없다

"직업으로 하는 일은 사람들에게 그리 대단한 일이 아닙니다. 알다시피 정신에 비해 일이 너무 작게 느껴지는 것은 공장의 생산 라인에서 일하는 노동자에게만 해당되는 사실이 아닙니다. 당신도 내가 하는 일에 정신을 쏟아붓는다면 금방 그만두고 싶을 것입니다. 그래서 감히 그렇게 하지 않는 것입니다. 정신은 딴 데 둔 채 일하는 거죠. 내 정신은 내 일과 너무나 동떨어져 있습니다—일을 수입원으로 생각하는 것만 제외하고는 말이죠. 정말 부조리한 일입니다."

펜실베이니아 주의 작가 노라 왓슨Norah Watson은 28세 때 건강 서적을 출판하는 기관에서 일하고 있었습니다. 그녀는 「일」Working이란 책을 쓰고 있는 스터즈 터클Studs Terkel과 인터뷰를 하게 되었습니다. 터클은 보통 사람들을 대상으로 "자신이 하루 종일 하는 일이 무엇이고 그 일에 대해 어떻게 느끼고 있는지"를 인터뷰하는 중이었습니다.

터클이 인터뷰를 진행하면서 발견한 것은, 일이란 일용할 양식을 얻기 위해 애쓰는 가운데 매일의 의미를 모색하는 활동과 관련된다는 사실이었습니다. 대부분의 사람은 마지못해 일을 하는 편과 일을 매우 싫어하는 편 사이의 어디엔가 위치해 있었습니다. 그러나 인터뷰에서 계속 반복된 주제는 의미를 느끼고자 하는 갈망이었습니다. 그것은 소명이 일과 직업에 선행하여 그것들을 이끌어 갈 때 충족될 수 있는 갈망입니다.

노라 왓슨의 좌절감은 단지 그녀의 일 때문만은 아니었습니다. 그녀는 자신의 경험과 서부 펜실베이니아의 작은 산동네에서 목사로 일했던 아버지의 경험이 대비되어 더욱 절망스런 기분이 들었습니다. 그녀는 이렇게 설명했습니다. "우리 아버지는 목사였습니다. 나는 아버지가 하는 일을 좋아하진 않았지만, 그 일은 아버지의 소명이었죠. 소명이란 그분의 일에서 중요한 부분이었어요. 그냥 아침에 일어나 일하러 가서 출근부에 도장 찍는 것이 아니었습니다. 그 일은 아버지의 '진짜 직업' profession이었습니다. 나도 내 일이 그렇게 되길 기대했습니다.⋯아버지의 일에는 부정적인 점이 많이 있었지만 그래도 아버지는 삶과 일을 통합시키는 것이 가능함을 보여 주셨지요.⋯내가 하는 뜻깊은 일보다 더 즐겁게 할 만한 일이 없기 때문에 일거리를 집에까지 가져오는 것이죠."

일에 대한 노라 왓슨의 고통스러운 토로는 사회 계층의 맨 밑바닥에 있는 사람들이나 맨 꼭대기에 있는 사람들을 대변하지는 않습니다. 전자에게는 이러한 분석 자체가 사치입니다. 그들은 먹고살기 위해 일하기 때문입니다. 후자의 경우는 그런 분석이 군더더기에 불과합니다. 그들은 대개 만족스럽게 일하고 충분한 보상을 받기 때문입니다. 노라 왓슨은 현대 사회에서 다람쥐 쳇바퀴 돌듯 일하는 수많은 사람들을 대변합니다. 직업적인 일이든 다른 유의 일이든 깊은 소명 의식이 없다면 결코 만족감을 얻을 수 없습니다. 그러나 '소명' 자체도 누군가 부르는 자가 없다면 공허할 뿐이며 단순한 일과 구별할 수 없습니다.

이와 똑같은 딜레마가 이론적인 차원에서도 뚜렷하게 나타납니다. 예를 들면, 최근의 한 베스트셀러 작가는 우리가 "그저 살아가는 것이 아니라 인생을 만들어 가야"

하며, 그렇게 하려면 일의 세계에 '가치관과 소명'을 주입해야 한다고 주장합니다. 깊이 공감할 수 있는 주장입니다. 그는 그러한 '새로운 패러다임'을 갖게 되면 일은 개인적으로나 사회적으로 '변혁을 일으키는 통로'가 될 수 있다고 주장합니다.

그런데 그렇게 주장하는 근거는 무엇입니까? 저자는 일에 의미와 높은 목적 의식을 부여하기 위해 **소명**이라는 오래된 단어를 다시 사용합니다. 그러나 불러 주는 인격적 신은 없다고 믿는 사람들에게 소명은 도대체 무엇입니까? 그의 대답은 직업을 다음과 같이 재정의한 것이었습니다. 그것은 "해야 할 필요가 있는 어떤 일의 부름. 곧 소환"입니다.

이 대답은 무엇을 뜻합니까? 현대의 일에는 의미가 부족합니다. 의미는 소명 의식에서 나옵니다. 그런데 여기서 소명이란 해야 할 필요가 있는 어떤 일의 소환에 불과합니다. 그러므로 무의미한 일에 대해 줄 수 있는 대답은,

그 일이 해야 할 필요가 있는 일을 하라고 요청한다는 말입니다. 그러나 이는 종종 일을 더 무의미하게 할 뿐입니다. 정부 기관에서 줄곧 도장만 찍는 사람이나 공장 생산 라인에서 핀을 만드는 사람에게 한번 그렇게 말해 보십시오. 저자의 주장은, 무의미하게 느껴지는 일이 '해야 할 필요가 있는' 일로 변모할 때 변혁이 일어난다는 것입니다. **소명**이란 단어에 담긴 의미론적 신비를 제거해 버리면 해결책을 찾는 노력은 제자리걸음이 될 뿐입니다. 아무것도 해결하지 못한 채 모든 것을 원점으로 돌려 놓는 대답입니다.

그의 논지가 공허하다는 것은 '일 중독증'에 대한 칭찬할 만한 대답에서 가장 선명하게 드러납니다. "일 중독자는 알코올 중독자와 같이 무차별적인 강박 관념을 갖고 있다. 그런 사람은 일을 통해 의미를 발견하려 한다. 이에 비해 소명 의식을 지닌 개인은 의미 있는 일을 찾는다."

하지만 이것도 교묘한 말재주일 뿐입니다. 부르는 자Caller가 있을 때 참된 소명은 일 중독과 전혀 다른 것입니다. 그러나 '일을 통해 의미를 발견하려는' 일 중독자와 자기의 '소명'이 '할 필요가 있는 일'을 하는 것이라고 생각하는 사람 사이에는 아주 미미한 차이밖에 없습니다. 이보다 더 정직하고 나은 해결책이 필요합니다.

'개신교적 왜곡'

오늘날 일에 존엄성을 주입하려는 시도에서 나타나는 이런 문제점들은 소명의 진리를 왜곡시키는 또 다른 오류, 곧 '개신교적 왜곡'에서도 찾아볼 수 있습니다. 사실, 이러한 문제점들은 개신교적 왜곡의 직접적인 결과입니다. 가톨릭적 왜곡은 세속적인 것을 희생시킨 채 영적인 것을 격상시킨, 이른바 영적인 이원론인 데 비해, 개신교적 왜곡은 영적인 것을 희생시킨 채 세속적인 것을 격상시킨 세속적 이원론입니다.

현대 세계의 압력으로 인해 개신교적 왜곡은 더 극단적인 형태를 띠게 되었습니다. 그것은 세속적인 것을 영적인 것에서 완전히 갈라 내어, 소명vocation을 일을 대치하는 용어로 축소시켰습니다. 그렇게 함으로써 소명의 목적은 완전히 제거한 채, 오히려 반작용을 일으켜 가톨릭적 왜곡으로 되돌아갔습니다. 외견상으로는, 소명을 순전히 영적인 것으로 만드는 이원론이 소명을 순전히 세속적인 것으로 만드는 이원론보다 더 나은 것 같기 때문입니다.

개신교적 왜곡의 씨앗은 청교도들에게로 거슬러 올라갑니다. 전반적으로 청교도들은 소명의 진리에 관한 한 굉장한 사람들이었습니다. 이전의 종교개혁가들과 같이, 최상의 청교도 사상은 일차적인 소명('하나님에 의한, 하나님을 향한, 하나님을 위한')을 이차적인 소명('모든 이가, 모든 곳에서, 모든 것에서')으로부터 분리시킨 적이 결코 없었습니다.

칼뱅의 경우 소명을 일과 거의 동일시한 것은 사실입

니다. 마르틴 루터는, 신자가 자기 일을 하는 중에 믿음으로 하나님을 섬기는 것이 소명에 응답하는 것이라 한 데 비해, 칼뱅은 때때로 더욱 담대하게 소명과 일을 동일시하곤 했습니다. 이 두 종교개혁가 모두에게 어떤 직업은 하나님으로부터 온 것이 아니었으며, 따라서 그런 직업은 도저히 소명으로 볼 수 없는 것이었습니다. 그러나 칼뱅은 "자유 사상가에 반하여"란 글에서 이런 비합법적인 직업들까지도 소명으로—비록 풍자적이긴 하지만—언급합니다. "윤락업자도 바쁘게 장사해야 하고…도둑도 담대하게 훔쳐야 한다. 이들은 각각 자기 소명을 좇고 있기 때문이다."

이처럼 초기에는 잠재되어 있던 불균형이 점차 자라나서 청교도 시대에는 완전히 왜곡된 현상이 나타났습니다. **일**, **거래**, **고용**, **직업** 등과 같은 단어들이 서서히 **소명**과 호환되어 사용되기 시작한 것입니다. 이 같은 현상으로 소명의 방향성이 바뀌게 되었습니다. 즉, 그것은 하나님의 명령보다는 사회적인 의무와 역할로 여겨지게 되었습니다. 그리고 결국 믿음과 소명이 완전히 결별하기에 이르렀습니다. 그리스도인 개개인이 소명을 지녀야 한다는 본래의 요구가 나중에는 시민 개개인이 직업job을 가져야 한다는 요구로 변질된 것입니다.

결국 완전히 한 바퀴 돈 셈입니다. 소명은 직업이 되었고 직업은 부패했으며, 따라서 17세기의 급진적인 개신교 그룹이었던 디거즈Diggers는 소명 자체를 모두 철폐하라고 요구했습니다. 제라드 윈스탠리Gerrard Winstanley는 1650년 영국에서 쓴 글에서 이렇게 말했습니다. "판사와 법률가들은 돈으로 정의를 사고팔면서 마치 솔로몬의 우상 숭배처럼 입을 싹 닦고는 '이게 나의 소명이다'라고 말한다. 그러고도 양심의 가책을 전혀 받지 않는다." 그러므로 역설적이게도 종교개혁가들은 참된 신앙의 결과로서 '소명'을 재발견한 반면, 그들의 영적 후손 중 일부는 참된 신앙의 결과로서 '소명의 철폐'를 요구한 셈입니다.

물론 디거즈의 논리는 그럴듯했지만 대부분의 사람들에게는 너무 과격한 것이었습니다. 유럽과 미국 주류 사회에서는 소명의 세속화가 빠른 속도로 계속 진행되었습니다. 서서히 그러나 확실히 이차적인 소명이 일차적인 소명을 삼켜 버렸습니다. 산업혁명의 절정에 이르러서는 그 결과가 완벽하고 압도적이었습니다.

그렇다면 이 개신교적 왜곡의 재앙에서 회복될 길이 있을까요? 적어도 두 가지가 필요합니다. 먼저 부르는 이를 배제시킨 소명의 개념을 뒤엎고, 다음으로 일차적 소명의 우선 순위를 회복해야 합니다.

첫째, 우리는 소명을, 부르시는 분이 빠진 무엇인 것처럼 생각하는 말장난을 단호히 거부해야 합니다. 그리고 다른 사람들이 그런 식의 말장난을 하는 것을 허용해서는 안 됩니다. 100년 전 니체가, "신은 죽었다"라고 말하면서도 과거와 똑같은 삶을 살아가는 자들을 비웃은 것은 옳았습니다. 그러한 부류에 해당하는 사람 중에 소설가 조지 엘리어트가 있습니다. 그는 "하나님은 '터무니없는' 존재이고 불멸성은 '믿을 수 없는' 것이지만, 그럼에도 불구하고 의무는 '강제적이며 절대적이다'"라고 썼습니다.

니체는 그런 사람들을 "진보적인 낙관론을 견지하는 가증한 자들"이라고 비웃었는데, 그들은 기독교 신앙 없이도 기독교적 도덕성을 취할 수 있다고 생각하기 때문이었습니다. 그는 「우상의 황혼」*Twilight of the Idols*, 책세상 역간에서 이렇게 썼습니다. "그들은 기독교의 하나님을 제거했다. 그러고 나서 이제 기독교적 도덕성에 매달려야 한다고 더욱더 확고히 믿고 있다.…기독교 신앙을 포기하는 자는 누구나 기독교 윤리에 대한 권리 역시 버리는 것이다."

윤리에 대한 이 같은 논리는 소명에도 적용됩니다. C. S. 루이스의 설명에 따르면, 부르시는 분이 존재하지 않는다고 믿으면서 소명에서 의미를 끌어내려는 사람은 "전시 상태에서 빵이 부족할 때, 자기는 항상 토스트를 먹어 왔기 때문에 문제가 되지 않는다고 말한 여자"만큼

이나 멍청하다고 꼬집습니다. 부르시는 분이 없다면 소명도 없습니다. 단지 일만 있을 뿐입니다.

둘째, 좀더 적극적으로는 일차적인 소명을 우선적인 위치로 복귀시켜야 합니다. 그러기 위해서는 소명의 배경이 되는 예배를 회복하고 소명의 핵심인 예수님에 대한 헌신을 회복해야 합니다. 이와 관련해서는 오스왈드 챔버스Oswald Chambers보다 더 확실한 안내자가 없을 것입니다. "예수 그리스도에 대한 충성과 경쟁 관계에 있는 것은 무엇이든 경계하라. 그분에 대한 헌신의 최대의 경쟁자는 그분을 섬기는 활동이다.…하나님이 우리를 부르신 유일한 목적은 하나님을 만족시키는 것이지 그분을 위해 어떤 일을 하는 것이 아니다."

일을 너무나 즐기고 좋아하다가 사실상 일을 예배하는 지경이 되어 예수님에 대한 헌신이 중심에서 밀려나고 있지는 않습니까? 섬김의 활동, 유용성, 하나님을 위해 생산성 있게 일하는 것을 강조하는 나머지 막상 그분을 잊어버리지는 않습니까? 우리는 자신이 중요한 인물이라는 것을 입증하고자 애쓰고 있지는 않습니까? 이 세상에 영향력을 미치기 위해? 우리의 이름을 길이 남기기 위해?

하나님의 부르심은 그처럼 인간적인 길로 빠져들지 않게 해줍니다. 우리는 일차적으로 어떤 일을 하도록 혹은 어디론가 가도록 부름받은 것이 아닙니다. 우리는 누군가에게로 부름받았습니다. 먼저 특별한 일로 부름받은 것이 아니라 하나님께로 부름받았습니다. 부르심에 대한 올바른 응답은 다른 어떤 것도 다른 누구도 아닌 오직 하나님께만 헌신하는 것입니다. 챔버스가 말한 것처럼, "우리 주님이 그분의 사업을 위해 보내시는 남자와 여자는 평범한 인간들이다. 그리고 그들은 성령의 역사로 인해 하나님께 온전히 헌신하게 된다." 그의 글에 가장 자주 등장하는 문구는 "절대적으로 그분의 것이 되라"라는 말입니다.

■ ■ ■

요약하면, 우리는 두 가지 소명을 함께 묶음으로써 두 가지 왜곡을 피해야 합니다. 즉 일차적인 소명을 강조함으로써 개신교적 왜곡을 극복하고 이차적인 소명을 강조함으로써 가톨릭적 왜곡을 극복해야 합니다. 이원론은 소명을 무력하게 하지만 총체적인 이해는 소명이 위력을 발휘하게 합니다. 즉, 하나님의 것이 되고자 하는 열정은 소명에 응답하는 모든 이의 에너지를 모으게 됩니다.

 묵상 질문

당신은 삶 전체를 통합시켜 주는 중심점을 찾기 위해 최선을 다하겠습니까? 당신의 고상한 생각, 헌신적인 노력, 깊은 감정, 모든 능력과 자원을 생의 마지막 순간까지 지탱시켜 줄 소명 의식을 발견하고 싶습니까? 당신은 어떤 값을 치르고서라도, 전적으로, 영원히 그분의 것이 되기를 소원합니까? 그리하여 첫 번째 것은 항상 첫 번째 자리에, 두 번째 것은 그 자리에 두기를 원하십니까?

나사렛 예수의 음성에 귀기울이고 그분의 부르심에 응답하십시오.

> 나사렛 예수의 음성에 귀기울이고
> 그분의 부르심에 응답하십시오.

3. 당신에게 걸맞은 일을 하라

유명한 지휘자요 바이올린 연주자였던 예후디 메뉴인Yehudi Menuhin은 대가다운 지휘와 연주로 전 세계의 청중을 사로잡았습니다. 많은 위대한 음악가가 그러하듯 그의 재능도 어린 시절에 나타났습니다. 그는 일곱 살에 샌프란시스코에서 바이올리니스트로 데뷔했고, 열두 살에는 카네기홀에서 열린 역사적인 연주회를 통해 세계적인 연주자로 발돋움했습니다. 그는 회고록 「끝나지 않은 여정」Unfinished Journey에서 자신이 어떻게 바이올린과 오랜 사랑에 빠졌는지를 자세히 이야기합니다.

메뉴인은 세 살 때부터 부모를 따라 뉴욕에서 열리는 연주회에 가곤 했는데 그곳에서 콘서트마스터이자 제1바이올리니스트인 루이스 퍼싱거Louis Persinger의 연주를 들었습니다. 퍼싱거가 독주하는 대목에 이르자 부모님과 함께 객석에 앉아 있던 어린 예후디는 완전히 매료되었습니다.

"한번은 연주를 듣다가 나는 부모님께 네 번째 생일 선물로 바이올린을 받아서 루이스 퍼싱거에게 레슨을 받고 싶다고 부탁했다"라고 메뉴인은 썼습니다. 그의 소원이 이루어지기는 했습니다. 메뉴인 가족의 친구 한 사람이 이 작은 소년에게 바이올린을 주었는데, 문제는 금속 줄이 달린 장난감 바이올린이었던 것입니다. 당시 메뉴인은 네 살밖에 되지 않았기에 그 작은 손으로는 정식 바이올린을 제대로 켤 수 없었습니다. 하지만 그는 화를 내며 소란을 피웠습니다.

"나는 울음을 터뜨리면서 바이올린을 땅에 집어던지고 다시는 하지 않겠다고 말했다." 메뉴인은 오랜 세월이 지난 후 과거를 회상하면서 이렇게 말했습니다. 그는 자신이 진짜 악기를 그토록 갖고 싶어했던 이유는 "연주하는 것이 곧 존재하는 것임을 본능적으로 알았기 때문이다"라고 썼습니다.

이와 같은 이야기는 창의적인 예술가들의 삶에서 흔한 일화입니다. 과거 빅 밴드Big Band(1930-1950년의 대규모 재즈 밴드—역주) 시절에 유명한 클라리넷 연주자였던 아티 쇼Artie Shaw는 인터뷰에서 자기 심정을 이렇게 토로하였습니다. "제 생애에 두 번쯤 내가 소원하던 수준에 도달했던 것 같습니다. 우리가 "부질없는 것들"These Foolish Things을 연주할 때의 일인데, 마지막에 이르면 밴드 연주가 멈추고 제가 카덴자(협주곡·아리아 등에서 독주자의 기교를 나타내기 위한 장식부—역주)를 약간 연주했죠. 그 카덴자를 저보다 더 잘하는 사람이 없답니다. 그것이

3. 당신에게 걸맞은 일을 하라

다섯 마디라고 합시다. 사는 동안 그런 연주를 할 수 있었던 것은 매우 기쁜 일이죠. 예술가는 육상 선수처럼 최상의 실력으로 평가받아야 합니다. 저는 최고로 잘했던 한두 연주를 뽑아 낸 후 '그것이 우리 연주의 진수죠. 나머지는 모두 연습이었습니다'라고 말하곤 합니다."

유명한 색소폰 연주자 존 콜트레인John Coltrane도 이와 비슷한 말을 했습니다. 1950년대 초 그는 샌프란시스코에서 약물 과다 복용으로 죽을 뻔했다가 가까스로 회복한 후 마약과 술을 끊고 하나님을 믿게 되었습니다. 그의 최고의 재즈 연주 중 몇 가지는 그 이후에 나왔는데 그 중 하나가 "진정한 사랑"A Love Supreme으로, 32분 간 정열을 쏟아 하나님의 축복에 감사하며 영혼을 바치는 연주였습니다.

한번은 콜트레인이 뛰어난 솜씨로 이 곡을 연주한 다음 무대에서 내려와 색소폰을 내려놓더니 "눈크 디미티스"Nunc dimittis라는 말 한마디만 한 적이 있습니다[이 말은 오래 전에 시므온이 한 기도를 라틴어로 옮겨 놓은 첫 마디인데 전통적으로 저녁 기도 시간에 노래로 불려지곤 했습니다. "주재여, 이제는 말씀하신 대로 종을 평안히 놓아 주시는도다. 내 눈이 주의 구원을 보았사오니"(눅 2:29-30)]. 콜트레인은 그 곡을 그 때보다 더 완벽하게 연주할 수는 없으리라고 느꼈습니다. 그의 전 생애가 그 열정적인 32분 간의 재즈 기도를 위한 것이었다 하더라도 그만한 가치가 있었을 것입니다. 이제 그는 떠날 준비가 되어 있었습니다.

당신이 가진 것 중에 거저 받지 않은 것이 있는가?

예후디 메뉴인은 "연주하는 것은 존재하는 것이다"라고 말했습니다. 아티 쇼는 "그 나머지는 모두 연습이었습니다"라고 말했습니다. 존 콜트레인은 "눈크 디미티스"라고 말했습니다. 우리 인간은 우리의 진수라 할 만한 가장 깊은 재능을 표현할 때 가장 큰 행복을 느끼는 것 같습니다. 그리고 이런 재능은 종종 어린 시절에 발견됩니다. 그레이엄 그린Graham Greene은 소설 「권력과 영광」The Power and the Glory, 해누리 역간에서 이렇게 썼습니다. "문이 열리고 미래가 그 문으로 들어오는 한 순간이 어린 시절에는 꼭 있기 마련이다." 상기한 이야기들 외에 수많은 예를 덧붙일 수 있지만 그 모든 이야기는 소명의 또 다른 중요한 측면을 가리키고 있습니다. 즉, **하나님은 보통 우리의 재능에 부합하게 우리를 부르시는데, 재능의 목적은 청지기직과 섬김이지 이기심이 아니라는 것입니다.**

재능만이 우리의 소명을 분별하는 유일한 요소는 아닙니다. 하나님의 부르심에 응답하기 위해 고려해야 할 다른 요소들이 있는데, 그것은 집안의 전통, 자신의 인생 기회, 하나님의 인도, 그분이 보여 주시는 것을 두말 없이 하려는 태도 등입니다. 그러나 소명을 분별하는 데 핵심적인 것으로 재능에 초점을 맞추는 것은 통념을 뒤집는 일입니다. 우리는 보통 어떤 사람을 처음 대할 때 곧 "무슨 일을 하십니까?"라고 묻습니다. 그러면 "저는 변호사입니다", "저는 트럭 운전사입니다", "저는 교사입니다" 등의 대답을 듣게 됩니다.

이름이나 출생지보다 직업을 아는 것이 상대방을 파악하는 데 훨씬 더 도움이 되기 때문입니다. 대부분의 경우 일은 우리가 중요한 존재가 될 기회와, 평생 동안 우리가 선한 일을 얼마만큼 이룰지를 상당 부분 결정합니다. 그 밖에도 우리는 깨어 있는 시간 중 많은 부분을 일하는 데 사용하기 때문에 직업은 우리에게 정체성을 부여하기까지 합니다. 이렇게 우리 존재는 자신이 하는 일이 되어 갑니다.

그러나 소명은 이러한 사고방식을 뒤엎습니다. 소명 의식은 직업 선택에 선행해야 하고, 소명을 발견하는 길은 우리 각자가 창조될 때 부여받은 재능을 분별하는 것입니다. 소명은, "당신의 존재는 당신이 하는 일이다"You are what you do라고 말하지 않고 "당신의 존재를 행하라"Do what

3. 당신에게 걸맞은 일을 하라

you are라고 말합니다. 위대한 그리스도인 시인 제라드 맨리 홉킨스Gerard Manley Hopkins는 물총새와 잠자리에 관한 시에서 이렇게 썼습니다. "내가 하는 일이 나다. 왜냐하면 나는 그것을 하기 위해 왔기 때문이다." 알버트 아인슈타인은 십대에 이미 이론 물리학과 수학에 정통했습니다. 그는 스위스 아라우에서 공부할 때 과제로 낸 에세이에 이렇게 썼습니다. "그것은 매우 자연스러운 이치다. 누구든지 항상 자기가 잘할 수 있는 것을 좋아하는 법이다."

오늘날은 적성에 맞추어 일을 맡기는 경향이 점차 강해지고 있는 것이 사실입니다. 어떤 책은 「당신 자신에게 맞추라: 만족스런 일을 찾는 비결」이란 제목을 달고 있습니다. 그러나 이런 유의 접근은 소명과 비교해 볼 때 별로 적합하지 않습니다. 첫째, 세속적인 접근 방식에서는 적성을 검사할 때 너무나 일반적인 '성격 유형'을 사용하는 경향이 있습니다. 그 결과 너무나 광범위하고 일반적인 특징들만 추출할 뿐 개인의 특정한 재능을 밝혀 내기 어렵습니다.

둘째, 좀더 명시적인 기독교적 접근들도 종종 약점을 안고 있습니다. 어떤 경우에는 천부적인 재능을 무시한 채 영적인 은사에만 집중하는 검사를 사용하기 때문입니다. 보통 큰 교회에서 이런 검사를 하는데, 그 결과를 이용하여 교인들이 은사에 맞게 교회 봉사에 참여하도록 합니다. 그러나 이는 다른 한편으로는 세상 속에서 소명을 발견하는 데서 교인들의 관심을 돌려 가톨릭적 왜곡을 심화시킵니다.

한편 어떤 접근들은 영적 은사와 천부적인 재능을 모두 발견하려고 시도하지만 재능을 예배와 귀기울임—이것이 소명의 본질인데—으로부터 분리시켜 버립니다. 그 결과 재능에 대한 인식은 높아지지만 그것이 청지기직으로 연결되기보다는 이기적인 방향으로 흐르게 됩니다. 대주교 윌리엄 템플William Temple은 이 같은 위험에 대해 엄중히 경고했습니다. 진정한 소명감 없이 이기적인 동기로 직업을 선택하는 것은 "아마 젊은이라면 누구나 저지를 수 있는 가장 큰 죄일 것이다. 왜냐하면 그것은 가장 많은 시간과 힘을 하나님께 충성하는 데 드리는 방향에서 고의적으로 이탈시키기 때문이다."

재능에 대한 성경적 이해에 따르면 재능은 결코 우리의 것이 아니며 우리 자신의 유익을 위한 것도 아닙니다. 우리가 가진 모든 것은 하나도 예외 없이 우리에게 주어진 것입니다. 우리의 재능은 궁극적으로 하나님의 것이며 우리는 '청지기'일 뿐입니다. 즉, 우리는 우리 소유가 아닌 것을 신중하게 관리할 책임을 받은 자들입니다. 그러므로 우리의 재능은 항상 '타인을 위한 우리의 것'입니다. 그것은 그리스도의 공동체 내에서든 좀더 넓은 사회 속에서든 마찬가지이며, 특히 궁핍한 이웃과의 관계에서 그렇습니다.

그렇다고 해서 하나님을 최고의 직업 소개인, 곧 우리의 완벽한 재능에 완벽하게 어울리는 직업을 찾아 주는 천상의 직업 소개소장으로 여기는 것은 잘못입니다. 사실은 하나님이 우리의 재능에 맞는 자리를 찾아 주시는 것이 아니라, 그분이 택하신 자리에 맞게 우리를 창조하시고 우리의 재능을 만드신 것입니다. 그러므로 우리는 그 자리에 도달할 때에야 비로소 우리 본연의 자아를 발견하게 될 것입니다.

청교도들은 이와 같은 재능의 좀더 폭넓은 목적을 매우 분명하게 인식하고 있었습니다. 존 코튼John Cotton은 17세기의 저명한 목사요 뉴잉글랜드 회중교회의 창설자입니다. 그는 케임브리지의 트리니티 대학과 임마누엘 대학에서 공부했는데, 1630년에 아르벨라 선상에서 "농장 건설에 대한 하나님의 약속"이라는 유명한 고별 설교를 하였습니다. 그리고 3년 후 자신이 직접 그 신세계로 왔습니다. "그리스도인의 소명"이라는 제목의 그의 설교는 일곱 개의 요점으로 된, 소명에 관한 탁월한 설교입니다.

코튼은 직업 선택의 기준으로 세 가지를 제시합니다. 첫 번째 기준에 따르면 "정당하다고 인정되는 소명이 되려면 우리는 우리 자신의 유익뿐 아니라 공공선善을 목표로 삼아야" 합니다. 둘째는 우리가 그 일에 재능이 있어야 하며, 셋째는 하나님의 인도를 받는 것입니다. 오늘날에는 대부분의 경우 뒤의 두 기준이 코튼의 제1기준을 추월하고 있는 것이 분명해 보입니다. 그리스도를 따르고 그분의 부르심에 응답하기 원하는 사람이라면 누구나 자신의 재능과 자신의 소명 간의 핵심적인 연결고리를 붙잡아야 합니다. 아울러 이 주제에 관한 훌륭한 기독교 서적과 테스트 방법들을 활용해야 할 것입니다. 우리 존재에 걸맞는 소명을 성취하는 데는 기쁨이 따르고, 이 소명은 구름기둥과 불기둥처럼 앞서서 우리를 인도합니다.

그런데 우리는 누구입니까? 그리고 우리의 운명은 무엇입니까? 그 대답은 하나님이 우리를 어떤 존재로 만드

셨는지, 우리를 어느 곳으로 가도록 부르고 계시는지에 관한 하나님의 뜻에 있습니다. 우리의 재능과 운명은 부모님의 소원, 상사의 계획, 동년배 그룹의 압력, 우리 세대의 전망, 우리 사회의 요구 등에 놓인 것이 아닙니다. 오히려 우리는 자신이 독특하게 설계된 방식, 곧 우리를 향한 하나님의 계획을 알아야 합니다.

타인을 위한 우리의 것

재능 자체에 초점을 맞추는 것은 대단한 일이지만 동시에 위험할 수 있습니다. "당신의 존재를 행하라"라는 권면은 방종한 생활을 허락하는 백지 수표처럼 여겨질 수도 있습니다. 하지만 가장 고상한 진리에는 가장 강한 유혹이 따라오기 마련입니다. 이 경우가 바로 그렇습니다. 이 원리는 진리이기 때문에 유혹적입니다.

하나님은 우리가 '본연의 자아가 되도록' 부르시고 '우리의 존재를 행하도록' 부르십니다. 그러나 우리는 하나님의 소명을 따를 때에만 진정 '본연의 자아'가 되고 '우리 존재를 행할' 수 있습니다. 그러므로 '타인을 위한 우리의 것'인 재능은 이기심이 아니라 섬김, 곧 완전한 자유입니다.

그럼에도 위험은 있습니다. 우리는 역사를 통틀어서 소명과 관련하여 구분하고 정리된 내용을 주목할 필요가 있습니다. 그럴 때 재능과 청지기직 간의 균형을 맞출 수 있을 것입니다. 우리가 매번 받는 유혹은 재능만 기억하고 청지기직은 잊어버리는 것입니다. 그러나 이 두 가지를 모두 기억할 때, 함정을 피하고 소명의 원리에 따라 나아갈 수 있습니다.

언제나 부르심calling과 소명vocation은 동의어로 사용되어야 합니다. 하나는 앵글로-색슨어에 뿌리를 두고 있고, 다른 하나는 라틴어에 어원이 있을 뿐입니다. '소명'과 '부르심'의 의미를 달리 사용하는 이들을 경계하십시오. 만약 '소명'을 '부르심'과 구별하여 성직자를 언급하는 데 사용한다면 이는 분명 가톨릭적 왜곡입니다. 반면에 '소명'을 '부르심'과 구별하여 고용이나 직업을 언급하는 데 사용한다면 이는 개신교적 왜곡을 은연중에 드러내는 것입니다.

첫째, 우리는 **개별적인(혹은 특정한) 소명**과 **공동체적(혹은 일반적) 소명**을 구별해야 합니다. 이기심은 전자에 치우치지만 청지기직은 양자를 모두 존중합니다. 개별적인 소명이란 우리 각자가 독특한 개인으로서 하나님께 삶으로 응답하는 것입니다. 이미 살펴본 것처럼, 우리의 개별적인 소명이 독특한 이유는 우리 각자가 독특한 존재이기 때문입니다. 다른 한편, 공동체적 소명이란 우리가 다른 모든 그리스도의 제자들과 함께 공동으로 하나님께 응답하는 것입니다. 예를 들면, 그리스도의 모든 제자는 거룩한 자로, 화평케 하는 자로 부름받았습니다. 이는 그리스도를 따르는 자의 미덕입니다.

우리의 공동체적 소명이 중요한 이유는, 소명이 지나

친 개인주의로 발전하는 것을 막아 주기 때문입니다. 개별적인 소명은 공동체적 소명을 보완해야지 그것과 모순되어서는 안 됩니다. 이 둘이 일치하지 않을 경우에는 성경에 나온 예처럼 공동체적 소명이 우선되어야 합니다. 자신의 개별적인 소명을 앞세워 교회의 공동체적 소명을 거부한다면 이는 자기 기만에 빠진 것입니다.

특히 청교도들은 개별적인 소명만큼이나 공동체적 소명에 대해 숙고한 것으로 잘 알려져 있습니다. 소명에 관한 대표적인 청교도 저자인 윌리엄 퍼킨스William Perkins는 "개인의 소명은 어느 것이든 당사자에게 맞춰져야 하고, 개인은 자신의 소명에 맞춰져야 한다"라고 말했습니다. 그는 양쪽이 모두 필요하다고 말하면서 "어떤 사회에서든 사람이 자신의 고유한 소명에서 벗어나 있는 것은 마치 몸에서 뼈가 빠져 있는 것과 같기 때문이다"라고 했습니다.

둘째, 우리는 **후발적인 특별한 소명**과 **본래적인 평범**

한 소명을 구별해야 합니다. 여기서도 이기심은 전자에 치우치지만 청지기직은 양자를 모두 존중합니다. 특별한 소명이란, 하나님이 직접적이고 구체적이며 초자연적인 교통을 통해 개개인에게 주신 과업과 사명을 지칭합니다. 다른 한편, 평범한 소명이란 "나를 따르라"라는 하나님의 일차적인 부르심에 응답하여 신자가 인생의 목적과 과업을 인식하게 되는 것을 뜻합니다. 이것은 이차적인 소명에 대한 하나님의 직접적·구체적·초자연적 의사 소통이 없어도 여전히 유효합니다. 달리 말하자면, 우리가 어떤 삶을 살아야 할지에 대해 얼마나 '자본주의식'으로 우리의 책임을 감당하는가 하는 데서 평범한 소명이 잘 드러날 수 있습니다. 예를 들어, 예수님이 말씀하신 달란트 비유에서, 종들은 주인이 멀리 떠나 있는 동안 주어진 달란트를 얼마나 '잘 활용했는가'에 따라 평가를 받았습니다. 이런 의미에서 그리스도의 제자 중 소명을 받지 않은 이는 하나도 없습니다. 우리가 모두 후발적인 특별한 소명을 받은 것은 아니지만 누구나 본래적인 소명은 있기 때문입니다. 물론 어떤 사람들은 두 가지 소명을 모두 갖고 있습니다.

이러한 구별에는 실제적인 결과가 따릅니다. 많은 그리스도인들이 특별한 소명을 격상시키거나 마치 모든 과업에 대해 특별한 소명이 필요한 것처럼 말하는 우를 범합니다("당신은 이 일에 부르심을 받았습니까?"). 어떤 이들은 자신의 모든 결정에 대해 소명이란 단어를 경건하게 사용하는데—마땅히 그래야 하는 것으로 생각하면서—실상은 어떤 특별한 소명도 받지 않았으면서 그렇게 합니다. 이 두 부류의 사람들 모두가 깨달아야 할 놀라운 사실은, 신약 성경에서 하나님이 어떤 사람에게 특별한 소명을 주셔서 유급직有給職으로 부르시거나 종교적인 전문인이 되게 하신 예가 단 하나도 없다는 점입니다. 다른 이들은 특별한 소명이 없다면 소명 자체를 받지 못한 것이라고 생각합니다. 그래서 하나님의 인도를 마냥 기다리면서 수동적으로 자신은 "소명을 못 받았다"라고 변명조로 말합니다. 그러나 그들은 두 가지 형태의 소명을 혼동하여 자신의 달란트를 수건에 싸서 땅 속에 묻어 두고 있는 셈입니다.

두말할 필요도 없이, 하나님이 주시는 특별한 소명이란 개념은 우리가 본래적인 소명을 잘못 이해하고 있다는 사실을 종종 드러냅니다. 이러한 긴장은 선지자의 예에서 가장 첨예하게 나타납니다. 선지자는 하나님의 백성이 본래적인 소명을 망각했거나 저버렸을 때 그들을 비판하고 도전하기 위해 특별히 부름받은 사람입니다.

그래서 모세는 금송아지 문제로 하나님의 백성과 맞섰으며, 엘리야는 바알 선지자들에, 예수님은 율법주의와 위선에, 마르틴 루터는 신앙의 왜곡에, 칼 바르트와 디트리히 본회퍼는 민족주의의 우상에 항거했던 것입니다. 이와 같은 선지자적 비판은 종종 강한 분노를 수반했지만, 그 공격의 대상이 선택받은 자라는 사실을 부인하는 것은 아니었습니다. 오히려 선지자적 비판의 목적은 회복에 있지 해산에 있지 않았습니다. 선지자들은 특별한 소명을 받은 이들이었고, 그들의 예언적 메시지는 하나님의 백성으로 하여금 그들이 이탈한 본래적 소명으로 되돌아가도록 하기 위한 특별한 부르심이었습니다.

셋째, 우리는 우리의 소명에서 **중심적인** 것과 **주변적인** 것을 구별해야 합니다. 여기에서도, 이기심은 전자에 치우치지만 청지기직은 양자를 존중합니다. 많은 사람들이 **소명**이란 단어를 우리 재능의 진수를 지칭하는 데만 사용합니다. 그들은 마치 소명을 한 문장으로 표현된 단 한 가지 과업으로 지정할 수 있어야 하는 것처럼 말합니다. 그러나 인간 그리고 인생은 그보다 더 풍부한 의미를 지녔으며, 소명은 부분적이지 않고 포괄적입니다. 우리는 소명이 다차원적이며 우리의 여러 관계까지 포함한다는 점을 명심해야 합니다. 예를 들면, 마르틴 루터는 아내에게는 남편이었고, 딸에게는 아버지였으며, 회중에게는 목사, 학생들에게는 교수, 군주에게는 신하였습니다.

이 구별이 중요한 이유는, 마치 우주 전체가 우리의 재능을 성취하기 위해서만 존재하는 양 우리가 핵심적인 재능에만 집중한다면 오히려 인생을 망치기가 쉽기 때문입니다. 그런데 이와 동일한 잘못을 범함으로써 쉽게 실망하게 되기도 합니다. 우리는 타락한 세상에 살고 있으므로 우리가 가진 재능의 진수는 이 땅의 삶 속에서 성취되지 않을지도 모릅니다. 만약 인류가 타락하지 않았더라면, 우리가 하는 모든 일은 자연스럽고도 충만하게 우리의 존재를 드러냈을 것이고 우리에게 주어진 재능이 발휘되는 통로가 되었을 것입니다. 하지만 인류는 타락했습니다. 이제 일은 부분적으로는 창조적이지만 부분적으로는 저주받은 상태에 있습니다.

그러므로 우리 소명에 완벽하게 들어맞는 일을 발견하는 것은 권리가 아니라 축복입니다. 현대 사회에서 중상류층에 속한 사람들은 소명과 일이 서로 조화되어 성취감을 맛볼 수 있을지 모릅니다. 하지만 수많은 사람들, 아니 어쩌면 대부분의 현대인은 일과 소명의 만족스러운 조화를 맛보지 못합니다. 일은 생존을 위해 필요한 것일 뿐입니다. 세계적인 천재 미술가 미켈란젤로도 한때 이렇게 불평했습니다. "현 시대의 흐름은 내 예술에 반反하는데, 내가 과연 계속 돈을 벌 수 있을지 모르겠다."

타락으로 야기된 이 같은 긴장은 자비량tent-making이란 개념 뒤에도 깔려 있습니다. 물론 바울의 소명에 완벽하게 걸맞는 유급 직업은 없었습니다. "이방인에게 파송될 사도: 연봉 5만 달러" 하는 식으로 말입니다. 그래서 바울은 고린도의 부유한 후견인에게 의존하지 않고 스스로 천막을 지어 돈을 벌었습니다. 분명 그는 천막을 잘 만들었을 것입니다. 그 일 또한 하나님의 영광을 위한 것이었기 때문입니다. 그러나 바울에게는 천막 만드는 일이 소명의 핵심은 아니었고, 삶의 다른 부분과 마찬가지로 소명의 일부분일 뿐이었습니다. 그러한 '자비량'은 우리 소명의 일부분이지만, 최악의 상황에서는 좀더 중요한 일을 할 시간을 빼앗아 우리를 좌절시킵니다. 그러나 최선의 경우에는 중요한 일을 하도록 우리를 자유케 하는 일이 되기도 합니다. 이와 대조적으로, 우리 소명의 핵심은 그것이 무엇이든 간에 우리의 가장 깊은 재능을 활용함으로써 우리의 자아를 실현하는 일입니다.

우리는 그 차이를 명백히 알 수 있습니다. 세계 헤비급 복싱 챔피언이자 침례교 목사인 조지 포먼George Foreman은 이렇게 말합니다. "설교는 나의 소명이다. 나에게 복싱은 바울이 텐트를 만든 것과 같이 부업에 불과하다."

넷째, 우리는 소명의 **명료성**과 **신비성**을 구별해야 합니다. 여기서도 이기심은 전자에 치우치고 청지기직은 양자를 존중합니다. 우리가 예배를 통하여 그리고 하나님께 귀기울이고 우리의 재능을 발견함으로써 하나님이 우리를 어떤 존재로, 또 무슨 일로 부르시는지를 이해하게 될수록 우리의 소명 의식은 그만큼 명료해질 것입니다. 그러나 우리가 섣불리 소명을 명시적으로 표현하려고 할수록 현대판 교만이 드러나고 하나님의 신비로운 역사는 잊혀집니다. 오스왈드 챔버스는 특별한 소명에 관해 쓰면서 이렇게까지 말했습니다.

> 만약 당신이 하나님의 소명을 받은 장소와 그 소명에 관한 모든 것을 말할 수 있다면, 나는 당신이 진정 소명을 받았는지조차 의심할 것이다. 하나님의 소명은 그렇게 주어지지 않는다. 그것은 훨씬 더 초자연적이다. 삶 가운데서 소명을 깨닫는 일은 갑작스런 천둥같이 올 수도 있고 서서히 떠오르는 태양과 같이 올 수도 있지만, 어떤 방식이든 간에 그것은 초자연적으로 오기 때문에 말로 표현될 수 없는 것이 특징이다.

당신은 자신의 정체성을 단 한 문장으로 기술할 수 있습니까? 이것이 불가능한 것처럼 당신의 소명도 한 문장으로 표현될 수 없습니다. 기껏해야 일부분만 표현할 수 있을 뿐입니다. 그리고 그 부분적인 것마저도 명료하게 표현하기 어려운 한계를 갖고 있습니다. 많은 경우, 시행착오를 거치고 오랜 기간 탐색을 해야만 분명한 소명 의식을 얻을 수 있습니다. 그리고 이십대에는 분명하게 보였던 것이 오십대에 이르러서는 훨씬 더 신비롭게 보일 수도 있는데, 이는 우리를 향한 하나님의 완전한 계획을 이생에서 완전하게 성취하지 못하는 것은 물론이요, 완전하게 이해할 수도 없기 때문입니다.

1787년 윌리엄 윌버포스가 일기장에 적어 둔 '위대한 목표'는 아마 역사상 가장 단순하고도 놀라운 개인 사명 선언문일 것입니다. 하지만 그것을 모든 사람을 위한 모델로 받드는 것은 잘못입니다. 윌버포스는 젊었고 그의 소명 의식은 분명했으며, 남은 생애를 다해 마치 직선 코스를 질주하듯 그 소명을 추구했습니다.

20세기의 살아 있는 전설이자 홀몸으로 전체주의에 항

거한 위인 솔제니친은 이와 전혀 다른 예를 보여 줍니다. 그는 구 소련과의 거대한 싸움이 거의 절정에 이른 55세 때 향후 20년 간의 집필 계획을 세워 놓고 있었으며, 강렬한 소명 의식이 있었습니다.

> 한 가지 걱정은, 내가 세워 놓은 모든 계획을 실행할 시간이 없을지도 모른다는 것이었다. 나는 마치 나를 위해 마련된 이 세상의 한 공간을 이제 막 메우려고 하는 것같이 느꼈다. 그 공간은 오랫동안 나를 기다려 왔으며 오직 나만이 들어맞는 틀이며 바로 이 순간 나만이 분별하게 된 것이다. 나는 용해된 물질이었으며, 식어서 굳어지기 전에 거품이나 균열 없이 내 모양틀을 가득 채우고 싶어 도무지 참을 수 없었다.

그러나 솔제니친의 소명 의식이 항상 그처럼 뚜렷하고 강렬한 것은 아니었습니다. 이전에 그는 소명 의식이라곤 전혀 없었습니다. 자신을 부르시는 분도, 자신의 재능도 잘 알지 못했기 때문입니다. "나는 아무 생각 없이 문학 속으로 빠져 들어갔고…내가 장차 어떤 유의 작가가 될지는 생각조차 하기 싫었다"라고 그는 말했습니다. 그러나 그의 소명 의식은 굴락Gulag(구 소련의 강제 노동 수용소—역주)에서의 체험과 죽도록 글을 쓰고자 했던 몸부림, 기적적인 암 치유, 예수님의 제자였던 한 유대인을 통한 회심, '수백만 명이 죽어 가면서 말한 소원'을 기록해야 한다는 깊은 부담감 등을 통해 점차 자라났습니다.

그러므로 솔제니친은 키에르케고르의 관찰, 즉 인생은 앞을 향해 살아가지만 뒤를 돌아볼 때 이해할 수 있다는 사실을 잘 입증해 주는 예입니다. 그는 「떡갈나무와 송아지」*The Oak and the Calf*에서 이렇게 썼습니다. "훗날에는 과거에 일어난 사건의 진정한 의미가 명확해질 것이다. 그 때 나는 놀라서 어리둥절할 것이다. 나는 일생 동안 내가 이미 설정해 놓은 위대한 목표들에 상치되는 일을 여

릿 했다. 그리고 항상 무엇인가가 나를 바른 길로 되돌려 놓아 주었다."

솔제니친이 다른 러시아 작가를 인용하며 내린 결론은, 항상 간단명료한 소명을 동경하는 모든 이에게 큰 격려가 됩니다. "많은 인생이 신비로운 의미를 갖고 있지만 모든 사람이 그것을 바로 읽어 내는 것은 아니다. 대개 그것은 은밀한 형태로 주어지는데, 우리는 그것을 해독하지 못하고 인생을 무의미하게 느껴 절망에 빠진다. 위대한 인생의 비밀은 대개 자신에게 주어진 신비로운 상징들을 해독하고 이해하며, 그래서 참된 길을 걷는 법을 배우는 데 성공하는 것이다."

 묵상 질문

당신은 하나님이 주신 최상의 은사를 이기적인 목적으로 사용하여 썩히겠습니까? 아니면 그것을 이웃의 필요와 하나님의 영광과 연결지어 그 본연의 목적을 달성하기 원하십니까?

    나사렛 예수의 음성에 귀기울이고 그분의 부르심에 응답하십시오.

<blockquote>
나사렛 예수의 음성에 귀기울이고
그분의 부르심에 응답하십시오.
</blockquote>

4. 유일한 청중

1881년 7월 27일은 앤드류 카네기Andrew Carnegie의 생애에서 가장 행복한 날이었습니다. 스코틀랜드인 직공의 아들로 태어난 그는 주당 1달러 20센트를 벌던 피츠버그의 직공 신세를 떨치고 일어나 미국의 '강철왕', '산업계의 나폴레옹', '미국의 부호', '성聖 앤드류'(마크 트웨인이 붙인 별명) 등으로 불린, 세계에서 가장 전설적인 부자가 되었습니다. '빛나는 스코틀랜드인'이라 불리는 것을 항상 자랑스러워했던 그는,

자신의 고향인 스코틀랜드 동부의 던펌라인으로 금의환향하기로 결심했습니다. 그는 고향이 내려다보이는 언덕에서 "바라나시가 힌두교인의 전부이듯, 메카가 회교도의 전부이듯, 예루살렘이 그리스도인의 전부이듯, 던펌라인은 나의 전부다"라고 호기롭게 말했습니다.

카네기의 고향 방문은 오래 전부터 계획된 것이었습니다. 그는 어머니와 몇몇 특별한 친구들과 함께 뉴욕에서 대서양을 건너, 영국 남부 해안 도시인 브라이튼에서부터 궁중식으로 특별 제작된 마차를 타고 서서히 스코틀랜드와 던펌라인으로 북향했습니다. 오후 4시에 그 대형 사두마차는 성 레너드 가街에 도착해서, "환영, 자애로운 아들 카네기"라고 쓴 플래카드와 스코틀랜드, 영국, 미국 국기를 흔드는 환영객의 영접을 받았습니다.

그리고 나서 공식 행진이 시작되었습니다. 시장과 길드 상인들, 시의원 등이 각기 마차를 타고 진두 지휘하였습니다. 그 행렬은 카네기가 태어난 조그마한 돌집과 가난에 쪼들린 카네기 가족이 살았던 근처의 비슷한 오두막 집을 통과했습니다. 그들은 33년 전 이 곳을 떠나 피츠버그로 향했었습니다.

그 날의 절정은 카네기가 이 도시에 근사한 공공 도서관을 기증하는 행사였는데, 미국 바깥에서는 처음 있는 일이었습니다. 그런데 식이 시작되기 전, 여행하는 동안 줄곧 마차 맨 앞에 앉아 있었던 어머니 마가렛 여사가, 마차 속으로 들어가 혼자 마음껏 울게 해 달라고 부탁을 하였습니다.

고향 방문, 동창회, 고국의 곳곳을 돌아보는 일… 카네기의 심정이 어떠했을지는 충분히 상상할 만합니다. 그러나 그 날 카네기의 자부심은 다른 데서 흘러 나오는 것이기도 했습니다. 수십 년 전 어린 시절 그의 가족이 피츠버그에서 가난하게 살고 있었을 때, 그는 어머니가 낙담하여 눈물을 흘리는 모습을 보았습니다. 그 때 카네기는 어머니의 두 손을 꼭 잡고 위로했었습니다.

그는 "언젠가 부자가 되어 어머니와 함께 멋진 사두마차를 타게 될 거예요"라고 장담했습니다.

그러자 그의 어머니는, "여기서는 그렇게 해야 아무 소용이 없단다. 던펌라인 사람들이 우릴 볼 수 없으니 말이다"라고 시큰둥하게 대답했습니다.

그 순간 어린 앤드류는 언젠가 어머니와 함께 사두마차를 타고 던펌라인에 장엄하게 입성해서 고향 사람들이 모두 볼 수 있게 하겠노라고 굳게 결심했습니다. 즉, 어머니를 위해서 '그들에게 보여 주려고' 했던 것입니다. 피츠버그 사람들이 보는 것만으로는 충분하지 않았습니다. 카네기 가家의 성공을 고향 사람들에게 보여 주어야 했던 것입니다.

물론 앤드류 카네기는 여론을 의식하여 대중을 즐겁게 해주는 정치인이 아니었습니다. 일찍이 그는, 비즈니스는 "혼자서 하는 카드 놀이"와 같다고 말했습니다. 그는 로버트 번즈Robert Burns의 "당신 자신의 비난만을 두려워하라"라는 말을 좋아했습니다. 개인적인 신조인 사회적 진화론으로 인해 그는 무정한 성향을 지닌 사람이었는데, 이는 전설적인 관대한 자선 행위로도 완전히 상쇄될 수 없을 정도였습니다. 그러나 적대 세력이 공격하는 것처럼 그는 이기적인 악덕 자본가는 아니었습니다.

그에게 부드러운 요소가 하나 있다면 다른 사람을 기쁘게 해주고 싶어하는 바람이었습니다. 그의 책상 서랍 하나에는 '감사와 기분 좋은 말'이란 라벨이 붙어 있었습니다. 그의 비서는 매일 정기 간행물에서 카네기의 기호에 맞는 기사를 오려 내어 파일에 꽂아 놓았습니다. 무엇보다도 그는 자신이 소중하게 여겼던 몇몇 청중의 찬사를 갈망했는데, 특히 고향 사람들을 많이 의식했습니다. 무신론자였던 카네기는 7월 16일 스코틀랜드 국경을 넘으면서 "내가 스코틀랜드인으로 태어난 것은 하나님의 은혜다"라고 아무런 모순도 느끼지 않는 듯 공언했습니다. 그리고 나서 더욱 직설적으로 "아, 스코틀랜드여. 나를 위한 고장! 내가 그대의 아들임이 자랑스럽소"라고 말했습니다. 앤드류 카네기와 어머니 마가렛 여사가 '그들에게 뭔가를 보여 준' 것만은 분명한 사실입니다.

자이로스코프 혹은 여론 조사

조지프 프래지어 Joseph Frazier가 쓴 전기「앤드류 카네기」에는 상기한 이야기가 잘 묘사되어 있으며, 이는 소명을 이해하는 데 중요한 점을 조명해 줍니다. 자신의 계획과 시도에 관해 말할 때 우리는 자동적으로 '목표', '야망', '성취', '평가' 등의 개념을 떠올리게 됩니다. 그런데 '청중'이라는 중요한 요소는 쉽게 간과합니다.

오직 광인, 천재, 최고의 이기주의자만이 순전히 자신을 위해 일합니다. 군중 앞에서 뽐내는 일, 다른 사람의 북소리에 맞춰 행진하는 일은 그리 어렵지 않습니다. 그러나 자신의 북소리에만 맞추어 행진하는 것은 참으로 어렵고, 아마 불가능할지도 모릅니다. 우리는 대부분 의식적으로든 무의식적으로든 어떤 청중의 찬사를 생각하면서 일을 하기 마련입니다. 문제는 우리에게 청중이 있는지의 여부가 아니라 그것이 어떤 청중이냐 하는 것입니다.

이는 소명의 진리에 담긴 또 다른 중요한 특징을 강조합니다. **하나님의 결정적인 부르심에 귀기울이면서 산 인생은, 다른 모든 청중을 밀어내는 단 하나의 청중—유일한 청중**the Audience of One**—앞에서 살아 온 인생입니다.**

창세기에서 볼 수 있는 아브라함의 소명은, 하나님 앞에서 살아가는 여정 동안 하나님을 신뢰하는 삶을 사는 것이었습니다. 보통은 하나님이 아브라함을 먼저 불러내시는데, 한번은 그분이 그에게 나타나셔서 "나는 전능한 하나님이라. 너는 내 앞에서 행하여 완전하라"(창 17:1 하)라고 말씀하셨습니다. 하나님의 음성 뒤에는 하나님의 눈이 있고 그 눈 뒤에는 얼굴이 있으며 얼굴 뒤에는 마음이 있습니다. 그러므로 하나님의 부르심을 따르는 것은 하나님의 마음 앞에서 사는 것입니다. 그것은 '코람 데오'

coram deo(하나님 앞에서)의 삶을 사는 것이며, 청중을 의식하는 데서 돌이켜 오직 최후의 청중이요 최고의 청중이신 하나님만을 중요하게 여기는 것입니다.

예수님은 이 점을 더욱 강조하십니다. 그분은 자신이 부르신 자들에게 그들의 하나님은 '아시고' '보시는' 분임을 상기시키십니다. 하나님은 참새가 땅에 떨어지는 것을 아시고, 그분을 따르는 자들의 머리카락까지 세시는 분입니다. 자기의 덕을 선전하고, 남에게 인정과 존경을 받기 위해 선행을 하는 것이 보편적인 인간 심리인데, 예수님은 그와 반대로 은밀히 선행을 하라고 요구하셨습니다. "은밀한 중에 보시는 너의 아버지께서 갚으시리라"(마 6:4).

청교도들은 유일한 청중이신 하나님 앞에서의 삶을 매우 강조하였습니다. 존 코튼은 이 청중이라는 주제를 더욱 발전시킵니다. 그는 에베소서 6:6을 인용하면서 종의 소명은 "사람을 기쁘게 하는 자들처럼 눈가림으로 하는 것이 아니다"라고 말합니다. 오히려 "우리는 하나님을 섬김으로써 인간을 섬기고 인간을 섬김으로써 하나님을 섬긴다는 믿음 안에서, 우리의 소명 가운데 믿음으로 사는 것"이라고 말합니다. 이것은 그저 청교도식의 말장난에 불과한 것일까요? 결코 그렇지 않습니다. 유일한 청중이신 그분 앞에서 사는 삶은 우리의 모든 것을 변화시킵니다. "그는 사람들의 격려를 받지 못하더라도 모든 일을 편안한 마음으로 하는 자다. 반면에 믿음이 없는 자는 아무런 인정도 받지 못한 채 그가 행한 것은 제일 못한 부분만 드러나 좌절하게 될 것이다."

그렇기에 그리스도 중심의 영웅주의는 남의 눈에 띄거나 선전할 필요가 없습니다. 가장 위대한 행위는 유일한 청중 앞에서 행한 것이고, 그것으로 충분합니다. 그 유일한 청중의 눈에 띄고 그분의 칭송을 받는 이는 그 아래 다른 청중에 대해서는 신경 쓰지 않아도 됩니다.

윈스턴 처칠Winston Churchill이 한번은 동료 정치인의 심한 공격을 받는데도 어떻게 힘들어하지 않느냐는 질문을 받았습니다. 그는 "내가 그 사람을 존경한다면 그의 의견에 신경을 쓰겠지요. 그러나 그를 존경하지 않는다면 신경쓸 필요가 없는 것입니다"라고 대답했습니다. 유일한 청중 앞에서 사는 사람도 세상을 향해 이와 같이 말할 수 있을 것입니다. "내게는 단 하나의 청중밖에 없다. 네 앞에서는 내가 입증해야 할 것도, 얻을 것도, 잃을 것도 없다."

물론 현대 세계는 청교도 세계로부터 몇 광년이나 떨어져 있습니다. 우리는 소명이 내면의 나침반 역할을 했던 '내부 지향적인' 청교도 세계로부터, 동시대인이 인도자가 되어 버린 '외부 지향적인' 현대 세계로 옮겨 왔습니다. 마치 이리저리 움직이면서 신호를 포착하는 이동 레이더처럼 살고 있습니다. 이런 현상을 여러 곳에서 발견할 수 있습니다. 십대들은 자기 또래에게 귀기울이고, 여성들은 잡지와 유행이 현혹하는 이미지를 좇아가고, 정치인은 여론 조사 결과를 맹종하고, 목사들은 '추구자들'과

'신세대'에 관한 최신 연구 결과를 노심초사하며 따라갑니다. 어떤 큰 교회의 목사는 내게 이렇게 말했습니다. "교인들의 눈을 볼 때마다 그들이 언제나 다른 교회로 옮길 준비가 되어 있다는 것을 알 수 있습니다. 정말 괴로워요."

신기하게도 20세기는 역사상 가장 강력한 지도자들―윈스턴 처칠과 프랭클린 루스벨트 같은 몇몇 좋은 지도자들, 레닌과 스탈린 같은 많은 악한 지도자들―과 더불어 시작되었으나 나중에는 추종자들에게 병적으로 의존하는 연약한 리더십, 즉 이익에 쉽게 영합하는 뚜쟁이 같은 지도자들과 더불어 끝났습니다.

1941년 9월 30일 처칠은 하원에서 한 연설에서 이렇게 말했습니다. "지도자는 귀를 늘 땅에 대고 있어야 한다는 말이 있습니다. 영국 국민이 그처럼 보기 흉한 자세를 취하고 있는 지도자들을 존경하기는 아주 어려울 것 같습니다." 또 이렇게 말한 적도 있습니다. "갤럽 여론 조사의 변덕스러운 기류 안에서 사는 것보다 더 위험한 것은 없습니다. 항상 맥박을 짚고 체온을 재고 있지요."

처칠 자신은 청중 앞에서 대부분 깊은 인상을 남기며 압도하는 사람이었지만, 그의 친구 바이올렛 본햄 카터Violet Bonham Carter는 처칠을 가리켜 "여론의 분위기에 너무나 무감각한 사람"이라고 평했습니다. 해리 트루먼Harry Truman도 이와 비슷했습니다. 그는 마샬 플랜과 핵폭탄의 최초 사용 등 역사적인 결정을 내린 대통령으로, 이렇게 말한 적이 있습니다. "모세가 애굽에서 여론 조사를 했다면 얼마만큼 지지를 받았을지 의심스럽다."

이와 대조적으로, 모차르트와 같이 위대한 천재도 "저를 잘 모르는 도시에 있을 때에는 기분이 별로 좋지 않습니다"라고 1778년 아버지에게 보낸 편지에 쓴 적이 있습니다. 극단적인 '외부 지향형'이나 '외향형'의 사고방식은 쉽게 눈에 띄고 조소의 대상이 됩니다. 프랑스에는 이런 옛 이야기가 전해 옵니다. 어떤 혁명가가 파리의 카페에 앉아 있다가 갑자기 밖에서 왁자지껄한 소리를 들었습니다. 그는 벌떡 일어서더니 "저기 군중이 간다. 내가 저들의 지도자다. 난 저들을 따라가야 한다"라고 외쳤다는 것입니다. 처칠의 친구이자 동료였던(후에 수상이 된) 로이드 조지David Lloyd George는 여론에 지극히 민감했던 인물로 유명합니다. 케인즈Keynes 경은, 로이드 조지가 방에 홀로 있을 때는 무엇을 하느냐는 질문을 받은 적이 있습니다. 케인즈의 대답은 이러했습니다. "로이드 조지가 방에 홀로 있을 때에는 그 곳에 아무도 없답니다."

스크린의 여신 마를렌느 디트리히Marlene Dietrich는 자신이 카바레에서 받은 갈채를 녹음해서 음반을 만들기까지 했는데, 양면에 온통 박수 소리밖에 녹음되지 않았습니다. 그녀의 전기를 쓴 작가에 의하면, 그녀는 종종 친구들을 초대해 놓고 고집스레 그 레코드의 양면을 모두 틀고는, '저기는 리우데자네이루', '저기는 쾰른', '저기는 시카고'라고 자랑을 했다고 합니다.

그러한 자아 도취는 다 어리석은 일이겠지만 우리 모

두는 그런 풍조에 영향을 받고 있습니다. 청교도들은 마치 자이로스코프(고리에 바퀴를 세워 회전축이 어느 방향으로든 향할 수 있도록 만든 것으로서, 바퀴가 빨리 회전하면 고리의 방향과 상관없이 본래의 회전 수준을 유지한다—역주)를 삼킨 것처럼 살았고, 우리 현대 그리스도인들은 마치 갤럽 여론 조사를 삼킨 것처럼 살고 있습니다. 마틴 루터 킹은 「버밍햄 감옥에서 쓴 편지」*Letter from Birmingham Jail*에 이렇게 썼습니다. "당시에는 교회가 단순히 여론의 생각과 원리를 기록하는 온도계가 아니라 사회의 관습을 변혁시키는 온도 조절 장치였다." 지도자입니까, 뚜쟁이입니까? 자이로스코프입니까, 갤럽 여론 조사입니까? 온도 조절 장치입니까, 온도계입니까? 오직 유일한 청중의 임재를 연습하는 이들만이 전자의 경지에 이를 것입니다.

저의 경우, 그 유일한 청중을 점차 더 알아 가는 것이 소명의 변화에 큰 도움이 되었습니다. 제가 과거에 발견하여 성취하고자 노력해 온 소명의 일부는 복음을 이 세상에 이해시키는 것(변증가로서)과 이 세상을 교회에 이해시키는 것(분석가로서)이었습니다. 저는 이 두 가지 일을 중간 수준으로, 즉 고도로 전문화된 학문적 지식과 평범하고 대중적인 사고 사이의 중간 수준으로 해 내려고 노력해 왔습니다.

이처럼 양자 간에 다리를 놓는다는 것은 인간적으로 보면 단 한 사람도 전적으로 저만의 자연스러운 청중으로 삼을 수 없다는 것을 의미합니다. 사실상, 이 두 청중은 상대편에게 다가가려는 노력을 종종 비웃습니다. 한 편이 그런 노력을 부질없이 '지식적인' 것으로 치부하는 순간 다른 편은 그것을 '순진한 대중화 작업'이라고 경멸합니다. 그래서 저에게는, 도무지 만족시킬 수 없는 두 그룹 위에, 또한 그 너머에 진정으로 중요한 단 하나의 청중(유일한 청중)이 계심을 기억하는 것이 계속되는 도전이자 크나큰 위안이 됩니다.

그 유일한 청중 앞에서 사는 일은 뚜렷한 변화를 불러일으킵니다. 19세기의 위대한 그리스도인인 찰스 고든 Charles Gordon 장군―'중국인 고든'이나 '하르툼의 고든'으로 알려진―의 성품과 삶이 뛰어난 본보기입니다. 윈스턴 처칠은 수단 탈환에 관해 쓴 책에서 고든 장군을 "남자들의 험상궂은 표정이나 여자들의 미소, 생명이나 안락함, 부나 명성 등에 한결같이 신경 쓰지 않는 사람"이라고 묘사했습니다. 그러나 이런 말들은 고든 자신이 직접 한 것이기도 합니다. "인생을 살아가면 살아갈수록, 난파당하지 않기 위해서는 북극성만을 기준으로 삼아 방향을 조정하는 것, 한마디로 하나님 한 분에게만 맡기는 것이 필요하다는 것을 더 많이 느끼게 된다. 그리고 결코 사람의 호의나 미소에 주목해서는 안 된다는 것을 깨닫게 된다. 그분이 당신에게 미소 짓고 계시다면 사람의 미소나 찡그림에는 상관할 필요가 없기 때문이다."

고든 장군은 카르토움이 포위되었을 때 결국 버림받고

전사했는데, 이는 런던에 있던 윌리엄 글래드스톤William Gladstone 수상과 내각의 도덕적인 비겁함 때문이었습니다. 마흐디Mahdi와 그의 광적인 추종자들 손에서 맞이한 고든의 최후는 가히 전설적입니다. 그러나 그의 전 생애에 걸쳐 나타난 바, 소명감으로 고취된 그의 강인함도 그에 못지않게 전설적입니다.

한번은 잔인한 왕이었던 아비시니아의 존이 고든에게, "고든 장군, 내가 마음만 먹으면 지금 당장 그대를 죽일 수 있다는 걸 알고 있는가?"라고 고함을 쳤습니다.

"너무나 잘 알고 있습니다, 폐하"라고 고든이 대답했습니다.

"폐하가 기뻐하신다면 당장 그렇게 하십시오. 저는 준비되어 있습니다."

"뭐라고, 죽을 준비가 되어 있다고?"

"그렇습니다. 저는 항상 죽을 준비가 되어 있습니다…."

"그렇다면 내 힘이 그대에게는 위협이 되지 않는다는

말인가?" 왕이 씩씩거렸습니다.

"아무것도 저를 위협하지 못합니다"라고 고든이 대답했고, 왕은 놀란 채 그의 곁을 떠났습니다.

고든이 죽은 후, 그의 친구 존 보나르John Bonar가 고든의 형제에게 이렇게 썼습니다. "단번에, 그리고 항상 나를 놀라게 했던 것은 하나님과의 하나됨이 고든의 모든 행동과 안목을 지배했다는 사실입니다. 나는 지금까지 고든만큼 보이지 않는 하나님을 마치 보고 있는 것처럼 인내하는 사람을 보지 못했습니다." 그리고 그는 고든이 "하나님과 함께, 또한 하나님을 위해 사는 것" 같았다고 말을 맺었습니다.

찰스 고든 장군, 타의 추종을 불허하는 군사 전략가요 전설적인 지휘관이자 거의 모든 전투에서 승리한 그는 그 유일한 청중 앞에서 너무나 가까이 살았기에, 자신의 때가 왔을 때 단 한 걸음만으로도 본향에 갈 수 있었던 것입니다. 하나님의 부르심을 결정적인 소명으로 받아들이는 모든 이처럼, 고든 장군에 대해서도 이렇게 말할 수 있을 것입니다. "나는 그 유일한 청중 앞에서 살고 있다. 다른 모든 청중 앞에서는 내가 입증할 것도, 얻을 것도, 잃을 것도 없다."

 묵상 질문

당신은 외부 지향적이 아니라 내부 지향적이기를 바랍니까? 그리고 진정 하나님만을 유일한 청중으로 모시기를 원합니까?

나사렛 예수의 음성에 귀기울이고 그의 부르심에 응답하십시오.

나사렛 예수의 음성에 귀기울이고
그분의 부르심에 응답하십시오.

4. 유일한 청중

5. 한낮에 꿈꾸는 사람

T. E. 로렌스Lowrence 혹은 "아라비아의 로렌스"의 공적에 관한 이야기는 언제나 의견이 분분합니다. 어떤 이들은 로렌스가 얼마나 총명하고 용맹스러운 사람이건 간에 그것이 그의 그늘진 부분을 가려 주지는 못한다고 생각합니다. 소설가 로렌스 듀렐Lawrence Durrell 은 그를 '구역질나는 작은 놈'이라고 불렀습니다. 다른 이들은 이 세상의 모든 풍자가 동원되더라도 로렌스를 영웅으로 만들어 준 자질들의 광채를 흐리지는 못할 것이라

고 생각합니다. 윈스턴 처칠은 로렌스를 "우리 시대에 살아 있는 가장 위대한 인물 중 하나"라고 묘사했습니다. 작가요 정치가이자 캐나다의 총독이었던 존 부캔John Buchan이 "나라면 세상 끝까지 로렌스를 따라갔을 것이다"라고 호평한 것은 전형적인 반응입니다.

로렌스의 이야기를 바탕으로 만든 작품들도 인상적입니다. 논란의 여지는 있겠지만 오스카 상에 빛나는 걸작 "아라비아의 로렌스"는 오손 웰즈Orson Welles의 "시민 케인"Citizen Kane과 더불어 모든 시대를 통틀어 가장 위대한 영화 두 편으로 꼽힐 것입니다. 이 영화는 '머나먼 지평의 시인'이라고 불리는 데이비드 린David Lean 감독의 걸작입니다. 이 영화를 계기로 영화계에 뛰어든 사람이 여럿 있는데 가장 유명한 사람은 스티븐 스필버그Steven Spielberg입니다. "나는 '로렌스'를 처음 보고 무척 감명을 받았다. 영화를 보며 내가 보잘것없는 존재라고 느꼈으며 지금도 마찬가지다. 이것이 그 작품의 위대함을 가늠하는 한 가지 척도다."

로렌스에 대해 이같이 상반되는 태도가 나타난 원인은 그의 어린 시절로 거슬러 올라갈 수 있습니다. 알렉시스 토크빌은 프로이트를 예견한 듯이 "인간의 전全 존재는 아기의 요람 속에 담겨 있다"고 썼습니다. 아일랜드 시인 조지 러셀George Russell은 이렇게 매혹적으로 썼습니다.

> 먼 옛날의 그림자와 황혼 속
> 어린 시절이 빗나간 그곳에서
> 세상의 크나큰 슬픔이 태어났네.
> 그리고 영웅들이 만들어졌네.
> 유다의 잃어버린 소년기에
> 그리스도는 배신당했네.

로렌스는 1888년 8월 웨일즈에서 태어나 8세 때 부모와 세 형제와 더불어 옥스퍼드 북부로 이사했습니다. 부모인 토머스와 사라 로렌스는 나이, 기질, 사회적인 지위 등 여러 가지 면에서 서로 너무 달랐습니다. 아버지는 아일랜드인 준(准)남작이었고 어머니는 스코틀랜드인 간호사였으며, 성격도 서로 맞지 않았습니다. 더 중요한 사실은 로렌스는 부모 중 어느 편의 이름도 아니었고, 그들은 결혼한 관계가 아니었으므로 아이들은 모두 사생아였다는 점입니다. 그러나 이 어두운 비밀은 덮어 있었고, 나아가 엄격하고 깊은 기독교 신앙이 그 자리를 굳게 메웠습니다. 부모 모두 독실한 신자였고 가정 생활도 신앙적으로 영위되었습니다.

로렌스 가족은 능력 있고 친절한 성공회 목사 캐논 크리스토퍼Canon Christopher의 영향으로 옥스퍼드로 오게 되었습니다. 그는 성 알데이트 교회에서 오랫동안 목회를 하면서 수많은 옥스퍼드 학생들의 삶을 변화시켰고 로렌스 가족에게도 큰 영향을 끼쳤습니다. 크리스토퍼 목사는 제1차 세계대전 직전 93세의 나이로 생을 마감하기까지 이 가정에 가장 큰 영적·지적 영향을 준 인물이었습니다.

로렌스의 세 형제 모두 크리스토퍼의 영향을 많이 받았습니다. 첫째는 중국에서 의료 선교사가 되었고, 둘째는 인도에서 그리스도인 교사가 되었으며, 셋째는 기독교계의 유명 강사가 되었습니다. 로렌스 역시 지울 수 없을 정도로 깊은 영향을 받았습니다. 비록 그는 자신의 복음주의적 뿌리에서 멀리 떠났고 어머니의 청교도적 통제에서도 벗어났지만, 20대 초반까지는 열심히 신앙 생활을 했으며 가정의 신앙적 발자취는 언제나 그를 따라다녔습니다.

옥스퍼드 고등학교와 옥스퍼드 대학교(지저스 칼리지)에서 교육받은 로렌스는 담황색 머리, 총명한 푸른 눈, 몽상가적 비전, 동양에 대한 매혹 등으로 알려진 인물이었습니다. '꿈꾸는 첨탑의 도시' 옥스퍼드는 꿈꾸는 아들을 키웠던 것입니다. 로렌스는 아랍 세계에 이끌렸고, 옥스퍼드의 고고학자이자 해군 정보 장교였던 데이비드 호가스David Hogarth의 사사를 받았기에 세계 여행가나 집시 학자가 될 가능성이 컸습니다. 그러나 제1차 세계대전은 그의 성격과 평판을 완전히 뒤바꾸어 놓았습니다. 그는 아랍 반란군을 돕는 일에 가담하여 예루살렘의 해방을 도왔으며, 그것은 오스만 제국의 멸망과 현대 중동의 탄생을 도왔습니다. 그의 이야기는 미국인 기자 로웰 토머스Lowell Thomas에 의해 크게 부풀려져 그는 전설적인 영웅이자 메카의 왕자, "아라비아의 로렌스"가 되어 영국에 귀환했습니다.

로렌스는 자기 생애를 다룬 토머스의 작품 "최후의 십자군"The Last Crusade에 의해 상당히 고무되었는데, 이 공연을 본 사람이 런던에서만 백만 명이 넘었습니다. 로렌스는 자신이 어떤 인물이 되었는지를 목격하기 위해서 밤마다 극장을 찾아갔습니다. 하지만 한편으로 그는 그 신화적인 묘사가 부담스러웠고 매우 두려웠습니다. 그래서 그는 법적으로 이름을 바꾼 다음, 항공 기사 로스란 이름으로 영국 공군에 무명인으로 잠입했습니다. 이는 그가 '두뇌 수면'과 '지성의 자살'이라 일컬은 고의적인 자기 비하의 행동이었습니다. 그리고 그 많은 모순이 미처 밝혀지기도 전에 1935년 오토바이 사고로 사망하였고 결국은 영원히 풀 수 없는 수수께끼 같은 인물로 남겨졌습니다.

로렌스는 과연 어두운 비밀을 갖고 있었을까요? 어린 시절 사생아 신분으로 인한 수치심, 어머니의 강렬한 소유욕, 터키인에게 잡혔을 때 당한 '데라의 강간' 등 말입니다. 이 논쟁은 결론을 내리지 못한 채 계속될 것입니다. 로렌스는 다른 사람들의 공상의 산물이며 황당무계한 인물일까요? 어느 정도는 그럴 여지가 있습니다. 그러나 모든 거품이 가라앉고 연기가 걷힌다 해도 한 가지만은 의문의 여지가 없습니다. 로렌스는 이스라엘 국가와 아랍 세계를 포함한 현대 중동의 발흥에 처음부터 중요한 기여를 했다는 점입니다. 그는 꿈꾸는 자요 비전에 찬 인물로서 그의 상상력은 그의 행동을 낳은 근원이었습니다.

로렌스의 작품 「지혜의 일곱 기둥」*Seven Pillars of Wisdom*의 저변에는 꿈이 흐르고 있습니다. 그는 친구에게 이렇게 말한 적이 있습니다. "내게는 위대한 정신이 빛나는 카라마조프, 차라투스트라, 모비 딕 등을 모아 둔 책장이 있다네. 내 야망은 네 번째 인물이 되는 것일세." 그는 행군하면서 매일 기록한 메모를 바탕으로 유럽 평화 회담 중 파리에서 처음 이 책을 썼는데, 여기에는 그가 "아라비아에서 하나의 아랍을 목표로 아랍인들에 의해 시작되고 진행된 아랍 전쟁"에서 활약한 영웅적인 이야기가 담겨 있습니다. 로렌스는 거의 단숨에 다음과 같은 서정적인 내용을 기술합니다. "광활한 벌판, 널리 퍼지는 바람의 맛, 햇살, 우리가 지녔던 희망. 장차 태어날 세계의 신선한 아침이 우리를 취하게 했다. 우리는 표현할 수 없는 들뜬 생각으로 흥분되어 그것을 위해 싸워야 했다."

로렌스는 이 같은 꿈이 결국 무너졌다고 시인합니다. "젊음이 이길 수도 있었지만 계속 버티는 법을 배우지 못했고 세월 앞에서는 가련할 정도로 연약했다." 그는 새 하늘과 새 땅을 위해 싸웠습니다. 이 노인의 해결책은 "모든 평화에 종지부를 찍을 하나의 평화"였습니다. 그러나 그를 항상 몰아치는 힘이 한 가지 있었습니다. 그는 수백 페이지에 달하는 책을 마무리하면서 이렇게 말합니다. "옥스퍼드의 고교 시절 나는 내 생애에 새로운 아시아, 냉혹한 시간이 우리에게 가져다 줄 아시아를 서둘러 형성하겠다는 꿈을 꾸었다.…공상처럼 보이겠지만 이것이 내가 평범한 노력을 시작한 계기였다."

로렌스가 비전에 관해 가장 감동적으로 기술한 대목은 「지혜의 일곱 기둥」의 서문에 나옵니다. "모든 사람은 꿈을 꾸지만 똑같은 꿈을 꾸는 것은 아니다. 밤에 먼지 쌓인 마음의 한 구석에서 꿈꾸는 자는 아침에 일어나면 그것이 헛된 꿈이라는 것을 발견하게 된다. 그러나 한낮에 꿈꾸는 사람은 위험한 인물이다. 왜냐하면 그들은 두 눈을 크게 뜬 채 그 꿈이 이루어지도록 실제로 행동할 것이기 때문이다. 내가 바로 그렇게 행동했다."

옥스퍼드 고등학교에서 아카바와 와디 럼까지는 머나먼 길입니다. 그러나 그 거리는 꿈꾸는 십대 소년으로부터 꿈을 행동으로 옮겨 "민족주의적 사상으로 꿈의 궁전을 그리던" 아랍인들을 위해 싸우는 30세 대령에 이르는 거리보다 더 멉니까, 아니면 더 가깝습니까? 한낮에 꿈꾸는 자는 비전과 현실 사이의 간격을 메우기 위해 노력합니다.

로렌스에게는 꿈을 꾸었던 학창 시절과 신앙이 돈독했던 시기가 일치하긴 하지만, 그의 비전을 기독교적 이해와 너무 밀접하게 연결시키는 것은 무리한 시도일 것입니다. 하지만 "한낮에 꿈꾸는 자"라는 로렌스의 말은 소명에 응답하는 것을 잘 묘사하는 표현이며, 소명의 독특한 특징 한 가지를 예증합니다. **소명은 현재에 대하여 외부의 관점으로 꿰뚫고 들어와 기독교적 비전과 그리스도인 비전가를 만들어 내는 일차적인 근원이 됩니다.**

불타는 가슴과 날개 달린 발

오늘날처럼 실용주의적인 풍조에서는 비전 운운하는 것을 경멸하기 쉽습니다. 그것은 게으르고 위험한 것으로, 혹은 한때 품었다가 사라지는 것으로 치부되곤 합니다. 분명 비전은 꽃다운 젊음의 특징이며 넘치는 힘과 이상주의, 현 상태에 대한 욕구 불만이 낳는 산물입니다. 예를 들어, 저널리스트 말콤 머거리지Malcolm Muggeridge는 말년에 기독교로 회심하였는데, 겉치레와 거만함을 불손하게 또는 냉소적으로 폭로하는 솜씨로 유명했습니다. 그러나 젊은 시절 그는 전혀 다른 사람이었습니다.

머거리지는 케임브리지 대학을 졸업한 직후 친구에게 자기 묘비문을 써 보냈습니다. "여기 그 영혼이 때때로 크나큰 갈망으로 불타던 인물이 누워 있노라. 그에게 때때로 조물주의 커튼이 조금 열리긴 했으나 그것을 이용할 배짱이 없던 인물이었노라."

그러나 어떤 이들은 비전과 상상을 영구적으로, 젊은

시절뿐 아니라 인생 자체의 수원水源으로서 활용해 왔습니다. 19세기의 위대한 정치인으로 꼽히는 벤자민 디즈레일리Benjamin Disraeli는 예상치 못한 빠른 행보로 정상에 올랐습니다. 그의 초기의 일기 속에는 그 성공의 비결이 담겨 있습니다. "정치에서 공리주의자는 종교에서의 공리주의자와 같다. 이들은 모두 체제 속에 있는 상상을 빼내어 버린다. 그러나 상상이야말로 인류를 지배하는 것이다."

디즈레일리가 깨달은 이 진실은 그의 민족 전체에도 그대로 적용됩니다. H. L. 멘켄Mencken은 어느 글에서 이렇게 썼습니다. "유대인은 아득한 옛날부터 인류의 대표적인 몽상가들이었고, 타의 추종을 불허할 만큼 인류의 위대한 시인으로 존재해 왔다." 소명 자체가 그러하듯이 소명이 그리스도를 따르는 자에게 불러일으키는 비전에 찬 믿음 역시 아브라함, 이삭, 야곱, 모세의 백성의 경험으로 거슬러 올라갑니다. 하나님 이외의 다른 신은 없으며, 그 유일한 하나님을 모시지 않는 자에게는 안식이 없는 법입니다. 하나님은 항상 움직이시는 분입니다. 그러므로 믿음이란 항상 불안정한 상태를 의미합니다. 그 부르시는 분은 보이지 않을 수도 있고 최종 목적지는 미지의 것일지 모르지만, 그분의 부르심을 따르는 자는 하늘의 음성과 앞서가는 비전을 갖고 있으며 그 비전은 모든 현 상태를 전복시키고 모든 안식처를 뒤흔듭니다.

사실상 비전은 소명에서 너무나 중심적이고 너무나 폭발적인 결과를 낳는 것이기에, 먼저 여러 가지 모조품과 분명하게 구분하는 것이 현명한 일입니다. 구체적으로 말하자면, 소명의 비전은 세 가지 측면에서 지켜져야 합니다. 첫째, 우리는 가짜 비전을 경계해야 합니다. 하나님의 소명은 진정 소명의 결과에 해당하는 비전만을 불러일으키고 보장할 뿐입니다. 성경이 경고하듯이, 상상력이라는 중요한 기능이 타락한 결과 인간이 신이 되려는 주요 수단이 되었기 때문입니다. KJV 성경은 바벨탑 이야기를 이렇게 번역합니다. "이제 이후로는 그들이 상상해서 하려는 일을 금지할 수 없으리로다." 그러나 이는 건축가가 발휘한 힘의 문제가 아니었습니다. 그들의 타락한 상상력이 테크놀로지와 보편 언어의 도움을 받아 그들을 유혹하여 인간 조건의 한계를 넘어서 하나님과 맞서도록 부추겼던 것입니다. 알고보면 마르크스와 히틀러, 마오쩌둥도 모두 몽상가들이었습니다.

다른 한편, 하나님의 소명의 닻에서 풀려 버린 비전과 상상력은 결국 부실한 것으로, 그 허황된 거품이 꺼져 버릴 가능성을 안고 있습니다. 프로이트는 공상과 백일몽을 예술적 창조성과 구별하면서 전자를 충족되지 못한 소원의 산물로 무시해 버렸습니다. "모든 공상은 불만족스러운 현실을 바로잡는 일종의 소원 성취다." 백일몽은 "세 가지 시제 사이를 떠다닌다"라고 그는 말합니다. 자세히 살펴보면, 성취되지 못한 희망이 "과거, 현재, 미래를 관통하는 소원의 끈 위에서" 그 세 시제를 묶고 있음을 알 수 있다고 합니다. 복권에 당첨되는 공상이든 와이키키 해변에서 빈둥거리는 공상이든, 자세히 들여다보면 그 사람이 자신의 현재의 삶을 어떻게 생각하고 있는지 알 수 있습니다.

요컨대, 우리는 비전을 오용해서 우리의 자만심과 욕망을 채우는 수단으로 삼기 쉽습니다. 이와 대조적으로 기독교적 비전은 하나님의 부르심에 의해 직·간접적으로 영감을 받은 것이므로 그만큼 책임을 안고 있습니다. 그것은 상상력을 동원하여 통찰하는 행위로서, 사물의 핵심을 꿰뚫어 보는 믿음의 통찰력과 미래에 잠재된 힘으로써 현재를 초월하는 믿음의 예견력이 결합된 것입니다. 미처 합처지지 않은 것을 상상으로 묶어 내는 것이 비전 있는 믿음의 비밀입니다. 비전과 현실, 말과 성취, 현재와 미래, 상황과 가능성, 불안정함과 목표를 향해 뻗어 나가는 것, 잘못된 것에 대한 분노와 더 나은 것을 목표로 삼는 것 등 서로 대립하는 모든 것에 대해, 비전 있는 믿음은 그 사이의 간격을 메우려 합니다. 이것이 바로 로렌스의 '한낮에 꿈꾸는 자'를 공상가와 구별짓는 것입니다. 이것이 또한 그들이 위험한 인물―"그들은 두 눈을 크게 뜬 채 그 꿈이 이루어지도록 행동한다"―인 이유입니다.

히브리서 11장은 비전 있는 믿음을 가진 사람들을 기록한 위대한 인명록입니다. 그들은 하나님에 대한 비전을 힘입어 당대의 관습과 가치관과 우선순위에 거슬러 살았습니다. 그들은 다른 북소리에 맞춰 행진했습니다. 그들의 눈은 다른 목표를 향하고 있었습니다. 그들의 본향은 다른 나라에 있었습니다. 그들은 다른 도시를 고대하고 있었습니다. 그들은 믿음으로써 전 세계를 향해 이의를 제기했으며, 히브리서 기자는 "이런 말을 하는 사람들은 자기네가 고향을 찾고 있다는 것을 나타내는 것입니다"(11:14, 새번역)라고 그들에 관해 쓰고 있습니다.

이 문장에 비전 있는 믿음의 비밀이 담겨 있습니다. 어떻게 그들은 당대를 초월하고, 당면한 문제를 극복하며, 상식에 거슬러 살고, 불가능한 것 너머에 있는 가능성을 찾으며 살 수 있었을까요? 그들은 전 생애 동안 하나님의 부르심을 받아 믿음에 걸맞은 대안적인 비전의 언어와 논리에 따라 말하고 행동했습니다. 이들이야말로 모리스 웨스트Morris West의 「어부의 신발」The Shoes of the Fisherman에 나오는 신임 교황이 말한 바, "나에게 불타는 가슴과 날개 달린 발을 가진 사람들을 데려오시오"라고 했던 부류들입니다.

둘째, 우리는 진정한 비전이 우리를 끌어당겨 빠뜨릴 수 있는 함정을 경계함으로써 비전 있는 믿음을 지켜내야 합니다. 소명이 낳은 비전으로 그리스도를 따르는 사람은 보통 사람들이 소속된 분파, 예를 들어 보수파, 진보파, 급진파 등에 쉽게 들어맞지 않습니다. 그러나 우리 역시 이 시대의 자녀이기에, 강력한 물살이 우리를 이 진영, 저 진영으로 끌어당기고 있는 것이 현실입니다.

한 가지 분명한 예는 전통적인 세계와 현대 세계가 소명을 각각 정반대의 방향으로 이용하려는 경향입니다. 전통적인 세계는 보수주의를 선호하게 마련인데, 과거에나 지금이나 소명은 종종 현 상태를 정당화하는 데 이용되었습니다. 윌리엄 퍼킨스William Perkins는 「소명론」*Treatise of the Callings*에서 표준적인 규칙을 설정합니다. "군인이 전쟁터에서 지휘관이 지시한 자기 위치를 목숨을 걸고 고수해야 하는 것처럼, 그리스도인도 어떤 변화나 변경 없이 자기 소명 안에 계속 머물러야 한다." 당시의 많은 이들처럼 퍼킨스도 고린도전서 7장에 나오는 바울의 가르침, "너희의 부르심 안에 거하라"에 근거하여 이 충고를 한 것입니다. 그러나 여기서 부르심은 루터가 원어를 잘못 번역한 것임을 그는 알지 못했습니다.

칼뱅은 그러한 정적인 이해를 피하라고 경고했습니다. 그는 그 본문에 대해 이렇게 해석했습니다. "그 단어들은 각 사람이 자기 소명에 묶여 있으므로 그 소명을 버려서는 안 된다는 뜻으로 보일지 모른다. 하지만 만약 재봉사가 다른 직업으로 옮길 자유가 없거나, 상인이 농업으로 전향할 자유가 없다면 곤란할 것이다. 나는 이것이 사도가 의도한 바는 아니라고 생각한다." 바울이 비난하고 있는 것은 "불안정, 곧 개인으로 하여금 자신이 처한 바에 평안한 마음으로 거하지 못하게 만드는 것"이었습니다.

그러나 칼뱅의 이러한 주장에도 불구하고 영국의 시민 혁명과 미국의 남북전쟁에서 소명은 현 상태를 정당화하는 데 오용되었습니다. 17세기에 케임브리지의 존 체크 John Cheke는 의회를 공격하는 데 그것을 이용했습니다. 그는 올리버 크롬웰의 지지자들에게 이렇게 썼습니다. "성경을 자세히 살펴보라. 그러면 우리는 [하나님을] 진실로 경외할 뿐 아니라, 우리 왕께 충성스럽게 순종하고 우리의 고유한 소명 안에서 섬겨야 한다는 것을 알 수 있을 것이다." 이보다 더 나쁜 예도 있습니다. 1863년 미국에서 한 남부인은 노스캐롤라이나 주의 농장에서 일하던 400명

노예들의 충성심을 가리켜 고린도전서 7장의 가르침을 포함한 정기적인 성경 수업 덕분으로 돌렸습니다. 같은 시기에 발간된 리치먼드의 한 신문은 이렇게 선언했습니다. "수많은 이들[노예들]이 그리스도께 회심하여 구원에 이르고, 따라서 그들이 하늘에 계신 주인의 멍에를 온유한 자세로 짊어지고 이 땅에서 더 나은 종이 되길 바라고 기도해야 하지 않겠는가?"

이와 대조적으로 변화와 진보를 선호하는 현대 세계에서는, 이같이 보수주의를 위해 소명이 남용되는 것이 가소롭게 보입니다. 그 이유는 우리가 직면한 유혹이 정적인 편견이 아니라 진보적인 편견이기 때문입니다. 우리는 선택을 고집하고, 변화를 기대하며, 적실성을 높이 사고, 아무 생각 없이 더 새로울수록 더 참되고 최신의 것일수록 최고인 것으로 믿습니다. 우리는 로버트 케네디가 인용한 바 조지 버나드 쇼의 말에 담긴 정서를 본능적으로 동경합니다. "우리는 사물을 있는 그대로 보고 '왜?'라고 질문한다. 그러나 나는 과거에 한 번도 존재하지 않았던 사물을 꿈꾸면서 '왜 안 되는가?'라고 질문한다."

그런데 우리는 그러한 편견에 이끌려 극단으로 나아갑니다. 1960년대의 문화혁명 이래 "왜 안 되는가?"라는 반문이 정의의 꿈보다 훨씬 더 큰 영향력을 행사해 왔습니다. 그것은 금지된 것에 도전하는 마술적인 단어가 되었습니다. "왜 안 되는가?" "그래서 어떻다는 말인가?"라고 우리는 묻습니다. "그것은 그저 금지를 위한 금지다." 따라서 꿈에 그리던 이 자유의 땅에서는 "모든 것이 허용된다"라고 합니다. 편의 위주의 허무주의는 전통을 붕괴시켰고 그 자리에 영적·도덕적·미학적 황무지—사회에서뿐 아니라 교회에도—가 들어서게 되었습니다.

우리가 직면한 도전은, 우리의 잘못이 아니기에 분명하게 보이는 이전 세대의 실수를 직시하는 것뿐 아니라 너무나 가까이 있어서 잘 안 보이는 우리 시대의 문제점을 잘 보는 것입니다.

셋째, 우리는 유사품에 기만당하지 않도록 경계함으로써 비전 있는 믿음을 지켜내야 합니다. 현대에는 '자조'自助와 '적극적 사고방식'이라는 강력한 흐름이 있습니다. 교회보다 훨씬 더 광범위한 근원을 가진 '적극적 사고방식'은 다양한 방식으로 표현되어 왔습니다. 랄프 왈도 에머슨의 초월주의, 메리 베이커 에디Mary Baker Eddy의 크리스천 사이언스, 윌리엄 제임스William James의 '건강한 사고의 종교' 등이 그 예입니다. 이런 사고방식이 대중적인 기독교의 옷을 입게 되면 쉽게 이단으로 전락합니다. 소명이 하나의 객관적인 기준이 되어 우리를 이끄는 것이 아니라, 우리 자신의 힘을 키울 목적으로 이용하는 자원이 되어 버립니다. 소명은 건강, 부, 인기, 중요성, 마음의 평안 등에 이르는 열쇠가 됩니다. 그 결과는 바로 이단입니다. 하나님을 믿는 믿음이 우리 자신의 이익을 위한 믿음을 받드는 믿음이 되어 버립니다.

더 뿌리가 깊고 오래된 유사품은 비전 있는 믿음과 기

사도의 이상을 혼동하는 것입니다. 적극적인 사고의 예와 마찬가지로 소명이 원정遠征과 겹치는 부분이 있다는 것은 중요한 사실입니다. 예를 들어, 아시시의 프란체스코의 '그리스도를 위한 음유 시인'(11-13세기에 남부 프랑스, 북부 이탈리아 등지에서 기사도와 용맹성을 노래하던 일파의 서정 시인—역주)과 키에르케고르의 '신앙의 기사' 등에서 그런 현상을 볼 수 있습니다. 그러나 시대에 관계없이 호소력을 지니는 전투 정신 역시 그 자체의 위험을 안고 있습니다. 무엇보다 그것은 높이 치솟은 열망으로 어떤 것이든 정당화시키는 데 이용됩니다. 군국주의, 십자군 원정, 폭력 숭배, 남성 국수주의, 사랑의 우상화, 텅빈 낭만주의와 가식적 태도가 그러한 예입니다.

군사적 이상과 전투적 삶은, 안락함에 대해 죄책감을 느끼며 '지나친 문명화'를 우려하는 세대에 큰 호소력이 있습니다. 그러나 그들의 이상, 기초 교육, 시험, 형제애, 희생의 요구 등은 종종 예수님의 소명을 가장한 유사품이고 위험한 편법인 경우가 많습니다. 성 프란체스코는 자기를 따르겠다는 젊은 기사에게 이렇게 소리쳤습니다. "그대는 충분히 오랜 기간 예장대와 칼과 박차를 지녔다오! 이제 그 예장대를 끈으로, 칼을 예수 그리스도의 십자가로, 박차를 길의 먼지와 흙으로 바꿀 때가 되었소! 나를 따르시오. 그러면 당신을 그리스도의 군사로 만들어 주겠소!"

오늘날 가장 매력적인 이상은 파우스트적인 노력입니다. 아담과 하와, 프로메테우스, 판도라, 이카루스, 파우스트, 프랑켄슈타인 등 역사와 문학에 등장하는 이야기를 보십시오. 그 이야기들이 주는 강력한 경고는 우리 모두에게 타산지석이 됩니다. 즉 지식, 부, 권력, 성적 기교를 얻기 위해 인생의 모든 에너지를 쏟아부어 경계선을 넘는 자들은 결국 파우스트처럼 악마와의 협정에 의해 파멸하게 될 것입니다.

그러나 우리 현대인은 각본을 바꾸어 버렸습니다. 괴

테의 소설에서와 같이 파우스트는 악마와의 협정을 통해서 정죄받은 것이 아니라 구원받았습니다. 그래서 우리는 그와 같은 노력에는 한계가 없으며 아픔도 없는 것처럼 생각합니다. 그것을 야망이라고, 사업이라고, 경쟁심이라고, 탁월성의 추구라고, 인간 잠재력의 완전한 계발이라고 부르십시오. 권력에의 의지라고 부르십시오. 현대의 파우스트적 인간은 열망을 품고 그 경계선을 넘어갑니다. 그는 사람들의 갈채를 받으며 장애물을 뛰어넘고, 관습을 비웃으며, 도덕적 판단을 무장해제시키고, 금지된 것을 경멸합니다. 자신이 선을 넘었음을 알지 못하고 자신의 운명에 대해 망각합니다.

오늘날처럼 억제되지 않은 자아가 커질 대로 커진 시대에는 과거 청교도들이 '아담의 질병'이라고 불렀던 것이 중심적인 특징이 되어 버렸습니다. 니체는 이런 정신을 가장 탁월하게 부추긴 인물입니다.

당신이 인생의 강물을 가로질러 건너야 할 바로 그 다리를 대신 만들어 줄 사람은 아무도 없다. 오직 당신, 당신만이 그것을 만들 수 있다. 물론 당신이 이 강물을 통과하도록 해줄 길과 다리와 반신반인半神半人은 수없이 많지만 그것은 당신 자신을 앗아갈지도 모른다. 즉 당신이 자신을 저당잡힌 채 당신 자신을 잃을 수도 있다는 말이다. 이 세상에는 당신 외에는 어느 누구도 알 수 없는 단 하나의 길이 있다. 그 길이 어디에서 끝나는지는 묻지 말고 그냥 그 길을 따라가라. 인간은 "자신의 길이 여전히 자신을 인도할 수 있는지의 여부를 모를 때 가장 높이 자란다"라고 말한 사람은 누구였던가?

그는 과연 누구였습니까? 아이러니컬하게도, 니체는 몰랐지만 그것을 처음 말한 사람은 올리버 크롬웰이었습니다. 환언하면, 그 말은 기독교적인 맥락에서 한 것으로, 크롬웰이 논한 주제는 그러한 노력을 가능하고도 겸손하게 만들어 주는 진리, 곧 소명이었습니다.

그 주장을 올바른 기초 위에 되돌려 놓읍시다. 그러면 위험하지 않습니다. "인간은 자신의 길이 여전히 자신을 인도할 수 있을지의 여부를 모를 때 가장 높이 자란다." 그를 부르시는 분이 하나님인 한, 히브리서 저자가 말한 것처럼 "믿음으로, 아브라함은 부르심을 받았을 때 순종하여 장래 기업으로 받을 땅에 나갈새 갈 바를 알지 못하고" 나갔습니다(히 11:8).

오스왈드 챔버스는 "사람은 누구나 자기가 붙잡을 수 있는 것 이상으로 뻗어 나가도록 만들어졌다"라고 썼습니다. 그는 아내에게 이렇게 말했습니다. "거의 매시간 그분의 소명 의식이 내 안에 자라고 있소. 결국 전 세계를 헤매고 다니는 유랑민의 인생을 살게 될까 걱정되오. 당신과 나를 위한 위대한 시절이 다가오고 있소." 그는 또한 이렇게 쓰고 있습니다. "우리 앞에는 얼마나 장대한 분투의 인생이 활짝 펼쳐져 있는가! 그분의 사업을 위해 매수당하지 않는 영혼, 그것이 나의 책임이다." 한낮에 꿈꾸는 자는 그리스도의 소명을 좇을 때 바른 경로를 지킬 수 있습니다.

■ ■ ■

이제 이 작은 책의 결론부에 이르렀으나, 실은 소명의 개념과 예수님의 부르심에 응답하는 것을 평생 누리는 삶을 이해하는 첫 발을 내디뎠을 뿐입니다. 예수님의 부르심에 응답하는 것은 우리 인생에서 가장 위대한 모험이요 가장 심오한 낭만이며 가장 멋진 여행이기 때문입니다. 그 소명을 당신의 최고의 주제로 끌어안을 때 당신은 비로소 자유롭게 될 것입니다. 그 소명을 좇아 살아갈 때 당신은 지도자가 될 것입니다. 바로 이 길을 위해 모든 것을 포기할 때 당신은 모든 면에서 성취감을 맛보게 될 것입니다. 언젠가 "최후의 부르심"이 울려퍼지고 당신이 그 부르시는 분을 얼굴로 대면하고 당신이 자유로이 본향에 있음을 발견하게 되는 그 날이 오기까지.

나사렛 예수의 음성에 귀기울이고
그분의 부르심에 응답하십시오.

함께 읽을 만한 **IVP** 책들

소명

오스 기니스 | 홍병룡 옮김 | 무선 460면

C. S. 루이스와 오스왈드 챔버스의 계보를 잇는 세계적인 변증가요 연설가인저자는 성경, 역사, 고전, 자신의 경험을 폭넓게 아우르며 '소명'의 사람들의 이야기를 들려준다. 세속사회에서의 직업을 강조하여 직업과 소명을 동의어로 간주하기 쉬운 시대 속에서, 소명에 대한 성경적이고 균형 잡힌 시각을 제공한다. 「소명이 이끄는 삶」의 원본.

예수님께 뿌리내린 삶

리치 빌로다스 | 홍종락 옮김 | 무선 288면

많은 그리스도인들이 분주함, 혼란, 적대감, 중독, 내면의 분노와 같은 현대 사회의 위험한 리듬에 내몰리고 있다. 저자는 복음이 현실 앞에 무력해 보이는 이유를 우리가 현대 문화의 피상성에 안주하도록 길들여졌기 때문이라고 진단하며, 일상에서 그리스도를 닮아 갈 실천적 방안들을 다섯 가지 핵심 제자도를 통해 제시한다.

세상의 길 그리스도의 길

헨리 나우웬 | 편집부 옮김 | 무선 80면

예수님은 낮아지시는 삶을 사셨고 그런 삶을 살도록 그리스도인을 초대하신다. 저자는 예수님이 가르치신 낮아지는 삶의 의미와 그 열매가 무엇인지를 깊이 탐색하고 훈련케 함으로써 그리스도인으로 하여금 그리스도가 가신 그 길을 제대로 따라갈 수 있도록 돕는다.

내면세계의 질서와 영적 성장(확대개정판)

고든 맥도날드 | 홍화옥·김명희 옮김 | 무선 344쪽

더 많이 소유하고 더 높은 자리에 오르면 행복할 거라고 도처에서 속삭이는 오늘날, 자신의 내면을 정직하게 마주하고 삶의 방향이 옳은지 스스로 점검 하도록 돕는 시금석 같은 책. '내면세계의 질서'라는 획기적 관점으로 수많은 그리스도인들을 도전하고 변화시킨 스테디셀러의 확대개정판이다.

지은이 **오스 기니스**(Os Guinness)는 세계적인 기독교 변증가요 강연가이다. 허드슨 테일러의 가까운 동역자였던 중국 선교사 하워드 기니스의 손자로 제2차 세계대전 중에 중국에서 태어나서 문화혁명 당시 중국 공산당으로부터 추방당하기까지 중국에서 어린 시절을 보냈다. 후에 영국에서 교육을 받았으며, 옥스퍼드 대학에서 사회학으로 박사 학위를 받았다. 대표작인 본서 외에 『인생』, 『르네상스』, 『풀스톱』(이상 복있는사람) 등의 책을 썼다.

옮긴이 **홍병룡**은 연세대학교 정치외교학과와 동대학원을 졸업하고, IVP 대표 간사로 일했다. 캐나다 Regent College와 Institute for Christian Studies에서 공부하였다. 역서로는 『여성, 그대의 사명은』, 『소명』, 『정의와 평화가 입맞출 때까지』, 『다원주의 사회에서의 복음』, 『그리스도와 문화』(이상 IVP) 외 다수가 있다.

소명이 이끄는 삶

초판 발행_ 2003년 7월 14일
개정판 발행_ 2009년 1월 7일
개정2판 발행_ 2016년 8월 5일
개정2판 4쇄_ 2022년 10월 25일

지은이_ 오스 기니스
옮긴이_ 홍병룡
펴낸이_ 정모세

펴낸곳_ 한국기독학생회출판부
등록번호_ 제2001-000198호(1978.6.1)
주소_ 04031 서울시 마포구 동교로 156-10
대표 전화_ (02)337-2257 팩스_ (02)337-2258
영업 전화_ (02)338-2282 팩스_ 080-915-1515
홈페이지_ http://www.ivp.co.kr 이메일_ ivp@ivp.co.kr
ISBN 978-89-328-1459-9

ⓒ 한국기독학생회출판부 2003, 2009, 2016

책값은 뒤표지에 있습니다.
무단 전재와 복제를 금합니다.